Was heißt Reformation der Philosophie?

János Weiss

# *Was heißt* Reformation *der Philosophie?*

Tübinger Vorlesungen über Reinhold
und die Reinhold-Schule

PETER LANG

Frankfurt am Main · Berlin · Bern · Bruxelles · New York · Oxford · Wien

**Bibliografische Information der Deutschen Nationalbibliothek**
Die Deutsche Nationalbibliothek verzeichnet diese Publikation in
der Deutschen Nationalbibliografie; detaillierte bibliografische
Daten sind im Internet über <http://www.d-nb.de> abrufbar.

Gedruckt mit Förderung des Bundesministeriums für
Wissenschaft und Forschung in Wien.

Gedruckt auf alterungsbeständigem,
säurefreiem Papier.

ISBN 978-3-631-58635-8
© Peter Lang GmbH
Internationaler Verlag der Wissenschaften
Frankfurt am Main 2009
Alle Rechte vorbehalten.

Das Werk einschließlich aller seiner Teile ist urheberrechtlich
geschützt. Jede Verwertung außerhalb der engen Grenzen des
Urheberrechtsgesetzes ist ohne Zustimmung des Verlages
unzulässig und strafbar. Das gilt insbesondere für
Vervielfältigungen, Übersetzungen, Mikroverfilmungen und die
Einspeicherung und Verarbeitung in elektronischen Systemen.

Printed in Germany 1 2 3 4 5  7

www.peterlang.de

# Inhalt

Einleitung — 7

*Erste Vorlesung*: Einleitung zu Reinholds Briefen über die kantische Philosophie. 1. Das Bedürfnis der Kritik der Vernunft. – 2. Was hat die kantische Philosophie über das Dasein Gottes zu sagen? – 3. Der Zusammenhang zwischen Moral und Religion — 9

*Zweite Vorlesung*: Zur Deutung einer Aufsatzreihe von Carl Leonhard Reinhold. – 1. Die Reformation als Programm der Theorie des Vorstellungsvermögens.– 2. Zu einer allgemeinen Theorie der Reformation — 36

*Dritte Vorlesung*: Erhards philosophische Programme. – 1. Programm: Die Apologie Reinholds. – 2. Programm: Die vorsichtige Auseinandersetzung mit Reinhold. – 3. Programm: Die Philosophie der Medizin — 57

*Vierte Vorlesung:* Reinholds Schüler treffen auf Fichte. – 1. Fichtes letzte Züricher Vorlesung. – 2. Versuch einer Rekonstruktion der Züricher Diskussion. – 3. Die nachträgliche Auseinandersetzung der Reinhold-Schüler mit Fichte — 81

*Fünfte Vorlesung: Reinholds Schüler aus Ungarn.* – 1. Wilhelm Joseph Kalmann – 2. Samuel Toperczer — 105

Literatur — 116

# Einleitung

Dieses Büchlein besteht aus Vorlesungen, die ich für meine Gastprofessur im Sommersemester 2008 in Tübingen geschrieben und teilweise gehalten habe. (Angesichts der bevorstehenden Sommerferien konnte ich nur die zweite und die dritte Vorlesung halten.) Aber erst diese fünf Vorlesungen zusammen geben ein umfassendes Bild von meinen Forschungen über die Frühgeschichte des deutschen Idealismus. Danken möchte ich vor allem Prof. Manfred Frank, bei dem ich im Jahre 1990 in Tübingen studiert habe, und der mich seitdem bei meinen Forschungen auf eine sehr freundschaftliche Art unterstützt. Ohne seine Unterstützung wären sowohl die gehaltenen als auch die schriftlichen Vorlesungen nie zustande gekommen. Danken möchte ich den Studenten und Dozenten, die an den beiden Vorlesungen teilgenommen haben und in deren Kreis ich nach den Vorlesungen eine sehr intensive und für mich sehr lehrreiche Diskussion erleben konnte. Schließlich möchte ich mich auch bei Prof. Gábor Boros (Eötvös Lóránd-Universität, Budapest) bedanken, der mir für diese Vorlesungen ein Erasmus-Stipendium besorgt hat.

Frankfurt am Main, den 27. November 2008 *János Weiss*

# Erste Vorlesung

# Einleitung zu Reinholds Briefen über die kantische Philosophie

Carl Leonhard Reinhold verließ am 18. November 1783 das Barnabitenkolleg in Wien und flüchtete am nächsten Tag mit einer Kutsche des Theologie- und Logikprofessors Christian Friedrich Petzold nach Leipzig. Er hat dort das Bürgerrecht erhalten und dort u.a. philosophische Vorlesungen bei Ernst Platner gehört, der dazu seine *Philosophischen Aphorismen* als Lehrbuch benutzte. Platner war der vielleicht bekannteste Popularphilosoph seiner Zeit, zu dem Reinhold enge Kontakte ausgebaut hatte: „Platner war öfters bei mir. Er scheint seinem Zuschnitte nach der artigste unter den Leipziger Professoren zu sein."[1] Reinhold hat sich mehrmals über seinen Bildungsweg geäußert. Noch im Frühjahr 1783 schreibt er aus Wien in einem Brief: „Sie wissen, dass die Bildung meiner selbst seit vielen Jahren mein erstes und wichtigstes Geschäfte war. Ich versündigte mich dadurch freilich gegen die Gesetze und Forderungen eines Standes, der die Einfältigen im Geiste selig preist, und eine demütige Seelenruhe im Schlosse der Unwissenheit zur Pflicht machet; aber ich hatte dabei den Vorteil, dass ich die Bildungsgeschäfte meines Geistes mit desto größerem Eifer [...] trieb, weil mein Geist *Aufklärung* und *Wahrheit* als verbotene Früchte in sich schlang."[2] Die Bildung Reinholds hat so zu der Aufklärung geführt: Bei den Barnabiten hatte Reinhold einen Lehrer namens Paul Peperman, der als Kind deutscher Eltern in England geboren und aufgewachsen ist; wahrscheinlich hat Reinhold von ihm seine Aufklärungsbegeisterung und Wissbegierde. Vor seiner Flucht ist Reinhold als ständiger Mitarbeiter der in Wien erschienenen *Realzeitung* bekannt geworden. In dieser Zeitschrift schreibt er Rezensionen unter der Rubrik: Theologie und Kirchenwesen. In den Veröffentlichungen ist eine Sympathie gegenüber der Aufklärung schon klar zu spüren: „Vielleicht dürften wir dem jetzt so regen Eifer, mit welchem die entfesselte Vernunft ihre Rechte behauptet, wenig Dank wissen, wenn er nur immer fortführe, niederzureißen [...], ohne darauf bedacht zu sein, was er dafür aufbaue [...]. [Durch eine] Aufklärung, die uns, anstatt grauer Frömmlinge, unbändige Spötter, statt furchtsamer Heuchler, zaumlose Schwelger, statt abergläubiger Bürger, ungläubige Wilde gäbe, würde [...] das Interesse

---

1 So schreibt Reinhold an seinen Freund, Ignaz von Born, in: Carl Karl Leonhard Reinhold, *Korrespondenz 1773-1788*, hg. von Reinhard Lauth, Eberhard Heller und Kurt Hiller, Friedrich Frommann Verlag, Günther Holzboog GmbH & Co, Stuttgart-Bad Cannstatt 1983, S. 20.
2 Ebd. S. 9-10. (Hervorhebung von mir, J.W.)

unsers Nationalgeistes [...] nicht zuviel [...] gewonnen haben [...]."[3] Die Aufklärung ist laut Reinhold nicht auf ihre zerstörende Dimension zu reduzieren, sonst kommen wir in die Welt der Spötter, der Schwelger und der Wilden. Wichtiger als dieser Aspekt ist aber, dass Reinhold das Wesen der Aufklärung darin sieht, dass man das „Interesse des Nationalgeistes" – das man vielleicht durch das Interesse des Menschheitsgeistes ersetzen sollte – als universalen Horizont bestimmen kann. Die Aufklärung löst das religiöse Weltbild dadurch ab, dass sie anstatt des Dienstes an einer überirdischen Göttlichkeit das Interesse der Menschheit in Vordergrund stellt. Im religiösen Weltbild kann Bildung nicht als Selbstzweck betrachtet werden, der ganzen Menschheit kann man aber nur durch Bildung dienen. Unmittelbar vor seiner Flucht wird diese Gegenüberstellung drastisch: „Die zahlreiche Klasse der Mönchstheologen, und Mönchschristen, bei der sich die alte gegenseitige Feindschaft zwischen ihr und der Vernunft eben jetzt am lebhaftesten äußert, und der alles, was aus dem Gebiete der *Philosophie* herkommt, ärgerlich sein muss, würde sich wohl nie aus ihrem Dunstkreise hervorwagen, wenn sie die Enkel der *Aufklärung* immer nur in ungeweihten Horden sehen müsste."[4] Als Reinhold nach Leipzig kam, hat er die Philosophie noch eindeutig mit einer allgemeinen Aufklärung identifiziert. Deswegen konnte er sich von der *Popularphilosophie* einnehmen lassen.

\* \* \*

Anfang Juni 1784 siedelte Reinhold nach Weimar um und beginnt dort eine Tätigkeit als freier Schriftsteller. Er schreibt vor allem für den *Teutschen Merkur,* u.a. Aufsätze mit dem Titel: „Gedanken über Aufklärung". *Der Teutsche Merkur* ist von Christoph Martin Wieland herausgegeben worden; ab November 1784 hat Wieland dann auch Reinhold in die Redaktion aufgenommen.[5] Die ersten Zeilen in seinem ersten Aufsatz lauten, wie folgt: „Wer kennt die Zeiten nicht, da man für die Richtigkeit unserer Begriffe keinen anderen Maßstab als Schullogik und für die Sittlichkeit unserer Handlungen keinen anderen als Religion hatte? Man schloss damals von jedem Irrtume auf Mangel an gesunder Logik, und von jedem Verbrechen auf Mangel an wahrer Religion, ohne es gewahr zu werden, wie sehr man sich eben durch diese Art zu schließen an beiden versündigte."[6] Zunächst fällt auf, dass Reinhold einen wirklichen Epochenbruch postuliert: Die Aufklärung hat gesiegt, oder anders formuliert, wir sind in das Zeitalter der Aufklärung

---

3   Carl Leonhard Reinhold, *Schriften zur Religionskritik und Aufklärung 1782-1784*, hg. von Zwi Batscha, Jacobi Verlag, Bremen und Wolfenbüttel 1977, S. 128.
4   Ebd. S. 331. (Hervorhebungen von mir, J.W.)
5   Das beweist ein gemeinsamer Brief an Friedrich Justin Bertuch, in: Carl Leonhard Reinhold, *Korrespondenz 1773-1788*, a.a.O., S. 27-30.
6   Carl Leonhard Reinhold, *Schriften zur Religionskritik und Aufklärung 1782-1784*, a.a.O., S. 352.

eingetreten. (Diese Rhetorik, wenn auch mit einem abgewandelten Inhalt, ist später auch bei Hegel zu finden: „Es ist übrigens nicht schwer zu sehen, dass unsere Zeit eine Zeit der Geburt und des Übergangs zu einer neuen Periode ist.")[7] Wahrscheinlich hat aber diese Aussage vor allem eine biografische Bedeutung, Reinhold scheint jetzt mitzuteilen, dass er sich endgültig der Aufklärung verschrieben hat. Ein zweites Moment, das hier auffällt, ist die Veränderung im Begriff der Philosophie. Philosophie scheint jetzt nicht mehr mit der Aufklärung identisch zu sein, die Aufklärung bekommt jetzt eine umfassendere Bedeutung, die Philosophie scheint jetzt mit der theoretischen Seite zusammenzufallen, und auf der anderen Seite wird auch die Bedeutung der Religion eingegrenzt, sie hat nicht alleine, sondern neben der Schulphilosophie die frühere Periode bestimmt. Das frühere Zeitalter wird also jetzt folgendermaßen bestimmt: „In jenen Tagen, da die Moral noch ganz von der Glaubensreligion verschlungen, und die Vernunft von der Schullogik gefesselt war, konnte von *Aufklärung* gar keine Rede sein."[8] Damit wird es eindeutig, dass die Aufklärung der umfassendste Begriff des gegenwärtigen Zeitalters ist. Wie kann nun die Aufklärung bestimmt werden? „Allein kaum war unsere Metaphysik und Moral auf den Beinen, so nimmt die Vernunftbildung in der Reihe der Wissenschaften jene ehrwürdige Stelle ein, welche bisher von der Schullogik usurpiert wurde. Noch mehr! Sie trat in allen Lehrbüchern der Moral unter den übrigen sittlichen Pflichten als eine der Vorzüglichsten auf."[9] Entscheidend im Prozess der Aufklärung war die „Vernunftbildung" im Bereich der modernen Wissenschaften. Oder anders formuliert: Die Verwissenschaftlichung des Weltbildes hat eine Vernunft herausgebildet, die bestimmend wurde für das neue Zeitalter. Damit wäre aber die Aufklärung noch nicht erfüllt; Reinhold scheint zu unterstellen, dass die wissenschaftliche Denkart nicht direkt auf die Sittlichkeit übertragbar ist, es muss also eine Transformation herausgearbeitet werden: „[Mit der Vernunftbildung] war nun etwas zum Besten getan. Da man einmal über die Hauptregeln und über die Verbindlichkeit der Vernunftbildung einig war, so waren eigentlich zur Aufklärung selbst nicht mehrere Schritte, als zur Anwendung jener vorgezeichneten Regeln, und zur Ausübung jener bewiesenen Pflicht zu tun übrig."[10] Wenn auch eine direkte Übertragung nicht möglich ist, gibt es doch ein Bindeglied, das eine *Transformation* von der Vernunftbildung zur Sittlichkeit ermöglichen soll. Dieses Bindeglied ist eine gewisse Analogie: zwischen der Verbindlichkeit der Regeln in der wissenschaftlichen Theoriebildung und Pflichtenlehre im Bereich der Sittlichkeit. – Der Be-

---

7 Georg Wilhelm Friedrich Hegel, *Phänomenologie des Geistes*, in: ders., *Werke*, Bd. 3, hg. von Eva Moldenhauer und Karl Markus Michel, Suhrkamp Verlag, Frankfurt am Main 1985, S. 18.
8 Carl Leonhard Reinhold, *Schriften zur Religionskritik und Aufklärung 1782-1784*, a.a.O., S. 355-356. (Hervorhebung von mir, J.W.)
9 Ebd. S. 356.
10 Ebd. S. 356-357.

griff der Aufklärung ist so nicht einheitlich, Reinhold versucht aber jetzt dem Begriff der Aufklärung eine umfassende Bestimmung zu geben. „Mich deucht, Aufklärung heißt überhaupt aus vernunftfähigen Menschen vernünftige Menschen machen. Die Zusammenfassung aller Anstalten und Mittel, die zu diesem großen Zwecke führen, gibt dem Worte Aufklärung den weitesten Umfang seiner Bedeutung."[11] Diese Begriffsbestimmung ist auf das Begriffspaar *actus* und *potentia* gebaut: die *potentia* der Vernunft muss jetzt verwirklicht und entfaltet werden. Reinhold hebt nicht so sehr den Prozesscharakter hervor, sondern vielmehr die Mittel und Anstalten, das, was diesem Zweck dienlich sei. Zunächst scheint es, dass wir die Frage nur verschoben haben und jetzt weiterfragen müssen: Was heißt vernünftig? „Man muss eine gewisse Menge deutlicher Begriffe, und die auf einen gewissen Grad von Deutlichkeit beisammen haben, wenn man unter Menschen für vernünftig gelten will."[12] Ich meine, Reinhold präzisiert jetzt, was er vorher noch Vernunftbildung genannt hat; die Bildung der Vernunft bedeutet, dass man zu klaren und eindeutigen Begriffen kommen muss. Alle Menschen tragen die Fähigkeit als physische Anlage in sich. (Aufklärung bedeutet so auch eine Vollendung des Menschseins.) Die Herausbildung der klaren und eindeutigen Begriffe ist aber bei jeden Einzelnen begrenzt. „Allein sowohl die Schranken unsrer Kräfte, als auch die kurze Dauer unseres Lebens, machen den Besitz aller der deutlichen Begriffe [...] für jeden einzelnen Menschen unmöglich."[13] Der Mensch ist doppelt begrenzt, seinen Fähigkeiten und seiner Lebensdauer nach. Das Paradoxe ist also, dass er nie sein eigenes Menschsein vollenden kann. Zu klären wäre noch, was Reinhold unter „Begriffe" versteht. Wenn wir von unserer früheren Bestimmung ausgehen, könnten wir vermuten, dass damit eigentlich die Regel der Theoriebildung und die Bestimmung der Pflichten gemeint sind. Das folgende Beispiel zeigt aber, dass das nicht ganz zutreffen würde. „Im Grunde ist auch der Schuster, der den Bau seines Schuhes deutlich anzugeben weiß, über sein Handwerk aufgeklärt."[14] D. h., Begriffe sind in allen Tätigkeitsformen vorhanden, sie geben Verfahrensregeln der bestimmten Tätigkeit an. Das hat für die Argumentation zwei wichtige Konsequenzen. *Erstens* wird der Aufklärungsbegriff jetzt vereinheitlicht, indem er universalisiert wird, *zweitens* wird die Begrenztheit des Menschen mit der Arbeitsteilung assoziiert. Die Aufklärung kann nur im Rahmen einer „Nation" (was bei Reinhold meistens die ganze Menschheit bedeutet) verwirklicht werden. Wie kann aber eine ganze Nation aufgeklärt werden? „Die Anstalten, durch welche die Vernunftbildung reiner gesitteter Nationen bewirkt werden kann, sind unzählig. Alles, was das Nachdenken zum Bedürfnis machet und erleichtert, ist eine Anstalt dieser Art, und gehöret un-

---

11 Ebd. S. 372.
12 Ebd. S. 373.
13 Ebd.
14 Ebd.

ter die bisher angezeigten Bestimmungen unseres Begriffes."[15] Das Nachdenken wird in der Gesellschaft durch ein interpersonelles Bedürfnis begründet und wird durch gewisse „Institutionen" erleichtert. Eine aufgeklärte Nation setzt viele aufgeklärte Köpfe voraus, ist aber doch etwas mehr. Die Frage ist, wie sich die Aufklärung der Einzelnen zur Aufklärung der Menge ausweiten kann. Reinhold hebt jetzt die Philosophen von den einzelnen aufgeklärten Köpfen ab: der Philosoph kann nicht nur aufgeklärt sein, er kann auch über die allgemeine Beschaffenheit der klaren und eindeutigen Begriffe Rechenschaft ablegen. „Die Fähigkeit des Pöbels zu deutlichen Begriffen ist mehr leidend als wirkend; die des Philosophen mehr wirkend als leidend; der Philosoph lehrt; der Pöbel lernt; der Philosoph zergliedert den Begriff; der Pöbel fasset den zergliederten auf; der eine überwindet alle Schwierigkeiten, die ein deutlicher Begriff kostet, der andere hat nichts dabei zu tun, als sich der Bequemlichkeit zu bedienen, die der deutliche Begriff für ihn hat [...]."[16]

\* \* \*

Wahrscheinlich gegen Mitte 1785 hat Reinhold für sich die *Kritik der reinen Vernunft* entdeckt und hat sich ein Jahr lang nur mit diesem Buch beschäftigt, indem er es dreimal durchgearbeitet hat. Im Oktober 1786 hat Christian Gottlob von Voigt („Regierungsrat *cum voto* bei der Regierung in Weimar")[17] Reinhold die Frage gestellt: „Welchen Einfluss hat die kantische Philosophie auf wissenschaftliche Aufklärung überhaupt, und insbesondere auf Zerstreuung bisheriger metaphysischer Blendwerke?"[18] Das war eben die richtige Fragestellung für Reinhold: Welche Bedeutung hat die *Kritik der reinen Vernunft* für die Aufklärung im Allgemeinen? Auf diese Frage kann man aber nur antworten, wenn man die Eigentümlichkeiten der kantischen Philosophie schon festgelegt hat. Das versucht Reinhold so zu skizzieren: „Die Kritik der Vernunft habe die bisher vermisste genaue und vollständige Charte des Vernunftvermögens geliefert, auf derselben die eigentümlichen Gebiete der Sinnlichkeit, des Verstandes, und der eigentlichen (reinen) theoretischen und praktischen Vernunft unterschieden und festgesetzt [...]."[19] Reinhold versteht die kantische Philosophie so, dass sie den Weg zu der Vernunft beschrieben hat; der Ausgangspunkt ist aber jetzt nicht die potenzielle Vernunft, sondern die Sinnlichkeit. Kant hat aber auch die Grenzen der Vernunft herausgearbeitet; man könnte sagen, dass sie der Endlichkeit und der Begrenzung der Fähigkeiten entspricht. Reinhold sieht aber darin jetzt eine konsensstiftende Bedeutung; Kant hat mit seiner Philosophie alle bisherige Strei-

---

15 Ebd. S. 375.
16 Ebd. S. 377.
17 Carl Leonhard Reinhold, *Korrespondenz 1773-1788*, a.a.O., S. 145. Fußnote.
18 Ebd. S. 146.o.
19 Ebd.

tigkeiten überwunden: „[Kant] habe Alles, was die Vernunft über die Fragen Gott, Seele, Freiheit und Moralität ausmachen und nicht ausmachen kann, vollständig und bis zur höchsten möglichen Evidenz bestimmt; die ersten Grundsätze der Religion und Moral von allen Scheingründen gereinigt, gegen alle Einwürfe gesichert, und zugleich mit den übrigen Grundbegriffen aller Vernunftwissenschaften aus dem Wesen der Vernunft selbst hergeleitet [...]."[20] Die Herausarbeitung der Grenzen kann innerhalb der Philosophie zur apodiktischen Strenge führen. „Sie habe endlich die Philosophie von allen unnützen Spekulationen gesäubert, vor allen vergeblichen Zeit und Geisteskraft zersplitternden Versuchen verwahrt, auf ein sehr einfaches in dem Wesen unseres Erkenntnisvermögens gegründetes, vollendetes und ewig fortdauerndes System von Vernunftwahrheiten zurückgeführt [...]."[21] Das wichtigste Verdienst der *Kritik der reinen Vernunft* sieht Reinhold darin, dass Kant die Philosophie auf ein wissenschaftliches Niveau gehoben hat. Die Argumentation könnte jetzt so weiterlaufen, dass Reinhold die Analogien in der Sittlichkeit dazu ausarbeitet. Das aber erfolgt nicht, sondern Reinhold fragt danach, wie diese wissenschaftliche Aufklärung für die Aufklärung im Allgemeinen fruchtbar gemacht werden kann. Darauf antwortet Reinhold, dass Kant selbst gewisse „äußere Gründe" und „Nutzen" vor Augen gehabt hat; so hat er das Bedürfnis nach der Philosophie beweisen können. „[Die] Unzulänglichkeit unserer bisher angenommenen Grundbegriffe um den Streit zwischen der sogenannten Orthodoxie und Heterodoxie beizulegen, das in unseren Tagen so offenbare Übertreiben, und Herabsetzen der Ansprüche, folglich das allgemeine Verkennen der Vernunft macht überhaupt eine Untersuchung der höchsten Prinzipien [...] unentbehrlich."[22] Hat aber Kant dadurch die Notwendigkeit seiner Philosophie oder die der Philosophie überhaupt begründet? Es wäre noch ein letzter Schritt zu tun; wenn die Philosophie jetzt auch zum Bedürfnis geworden ist, bedeutet das noch nicht, dass alle Leute Philosophen sein müssen oder Philosophen werden müssen. Die Frage ist, wie kann sich die an sich aufklärerische Philosophie zu einer allgemeinen Aufklärung ausbreiten? Oder – wie Reinhold früher formuliert hat – wie kann die Philosophie den Pöbel erreichen? An diesem Punkt ist eine gewisse Nachhilfe wichtig, die man auch Interpretation oder Auslegung nennen könnte. Das Interessante dabei ist, dass Reinhold jetzt eine neue Interpretationsstrategie herausarbeiten muss. „Der Versuch, die *Kritik der Vernunft* nach ihren Hauptresultaten [...] zu beschreiben, würde mich [...] meinem Zwecke [nicht] näher bringen."[23] Es gab auch schon zu dieser Zeit Versuche die wichtigsten Ergebnisse der kantischen Philosophie darzustellen und zusammenzufassen. Carl Christian Erhard Schmid hat 1786 die erste Variante seines *Wörterbuches zu leichtern Gebrauch der kantischen Schriften* veröffentlicht. (Kant

---

20 Ebd. S. 147.
21 Ebd.
22 Ebd. S. 154.
23 Ebd. S.146.

hat dieses Büchlein selbst rezensiert in der *Allgemeinen Literatur-Zeitung*, und als „sehr fleißig und zweckmäßig gearbeitetes Wörterbuch" bezeichnet und seinem Publikum empfohlen.)[24] Im Vorwort zur dritten Auflage schreibt Schmid: „Nicht die Philosophie als Wissenschaft durch eigene Entdeckungen zu erweitern, sondern ihr Studium zu befördern, nicht neue Begriffe mitzuteilen, sondern vorhandene erläutern, ihre genaue Bestimmung mehr in Umlauf zu bringen, und durch eine neue Zusammenstellung verwandter Begriffe das richtige Auffassen und den Gebrauch derselben zu erleichtern [...] – dies war der Zweck, den ich mir [...] vorgesetzt hatte."[25] Reinhold hat nicht eine solche textnahe Interpretation vor Augen, er will aber auch nicht den sogenannten produktiven Interpretationen folgen. Er beruft sich auf einige kritische Rezensionen, die entweder nicht zugegeben haben, dass sie nicht verstehen, worum es geht (in diesem Sinne hat Kant die Besprechung von Johann Georg Heinrich Feder kritisiert),[26] oder sie geben es zu und drücken dadurch ihre Unbeholfenheit aus (so hat z. B. Johann August Eberhard die *Kritik der reinen Vernunft* ein „dunkles unverständliches Buch" genannt, „aus dem man nicht klug werden könne").[27] In diesem Rezeptionschaos hat Reinhold für sich – in den Fußstapfen seiner früheren Theorie – eine sehr produktive Strategie entwickelt: Man sollte in der kantischen Philosophie weder stecken bleiben, noch sie voreilig zu überspringen versuchen. Die kantische Philosophie muss so an den Ansprüchen der Aufklärung gemessen werden und muss zugleich als die philosophische Form der Aufklärung dem Publikum vermittelt werden. Reinhold hat in dem *Teutschen Merkur* angefangen seine *Briefe über die kantische Philosophie* zu veröffentlichen; insgesamt sind acht Briefe zwischen August 1786 und September 1787 erschienen.[28] Nachdem Reinhold die Briefe

---

24 Robert Hinske, Einleitung, in: Carl Christian Erhard Schmid, *Wörterbuch zum leichtern Gebrauch der kantischen Schriften*, Wissenschaftliche Buchgesellschaft, Darmstadt 1996. S. XIX.
25 Carl Christian Erhard Schmid, *Wörterbuch zum leichtern Gebrauch der kantischen Schriften*, a.a.O., S. I-II.
26 „Er [der Rezensent] scheint gar nicht einzusehen, worauf es bei der Untersuchung, womit ich mich beschäftigte, eigentlich ankam [...], kurz, er geht mit Ungestüm eine lange Reihe von Sätzen durch, bei denen man, ohne ihre Prämissen zu kennen, gar nichts denken kann, streut hin und wieder seinen Tadel aus, von welchen der Leser eben so wenig den Grund sieht, als er die Sätze versteht, dawider derselbe gerichtet sein soll." Immanuel Kant, *Prolegomena zu einer jeden künftigen Metaphysik die als Wissenschaft wird auftreten können*, in: ders., *Werkausgabe*, Bd. V, hg. von Wilhelm Weischedel, Suhrkamp Verlag, Frankfurt am Main 1996, S. 251-252.
27 Carl Leonhard Reinhold, *Korrespondenz 1773-1788*, a.a.O., S. 149.
28 Die Titel der Briefen waren: I. *Bedürfnis einer Kritik der Vernunft*; II. *Das Resultat der kantischen Phiosophie, über die Frage vom Dasein Gottes*; III. *Das Resultat der Kritik der Vernunft über den notwendigen Zusammenhang zwischen Moral und Religion*; IV. *Über die Elemente und den bisherige Gang der Überzeugung von den Grundwahrheiten der Religion*; V. *Das Resultat der Kritik der Vernunft über das zukünftige Leben*; VI. *Fortsetzung des Vorigen. Vereinigtes Interesse der Religion und*

abgeschlossen hat, schreibt er an Kant: „Ob Sie [die *Briefe*] gelesen [haben], weiß ich leider nicht. Wüsste ich's, so dürfte ich mich nur darauf berufen, ohne etwas mehreres von der heilsamen Revolution zu sprechen, die seit zwei Jahren in meinem Gedankensysteme vorgegangen ist, und durch welche *Sie* der größte und beste Wohltäter, der je ein Mensch dem anderen war und sein kann, an mir geworden sind."[29] Aus dem späteren Verlauf des Briefes wird klar, dass Reinhold vor allem darin Kants Verdienst gesehen hat, dass er ihm geholfen hat, die falsche Dualität zwischen Aberglauben und Unglauben zu überwinden.[30] Der Aberglaube kann wohl mit dem früheren Mönchleben in Zusammenhang gebracht werden, der Unglaube ist hingegen der aufklärerischen Denkart zuzuschreiben. Reinhold hat also von Kant gelernt, dass der richtige Weg der Aufklärung nicht in der Ignoranz der Religion bestehen kann. So merkwürdig es auch klingen mag, Reinhold hat von Kant die Religion (als Thema) zurückbekommen. „Beide Seelenkrankheiten habe ich in einem seltenen Grade durch eigene Erfahrung kennen gelernt, und ich weiß nicht ob ich von der letzteren, von der mich die *Kritik der reinen Vernunft* geheilt hat, nicht eben so empfindlich gelitten habe, wie von der ersteren, die ich gleichsam mit der Muttermilch eingesogen habe, und die, in einem katholischen Treibhause der Schwärmerei [...] zu einer ungewöhnlichen Heftigkeit gediehen war."[31] Kant antwortet mit einer äußerst großen Höflichkeit auf den Brief: „Ich habe vortrefflicher liebenswürdiger Mann die schönen *Briefe* gelesen, womit Sie meine Philosophie beehrt haben und die an mit Gründlichkeit verbundener Anmut nichts übertreffen kann, die auch nicht ermangelt haben in unserer Gegend alle erwünschte Wirkung zu tun."[32] Kant überhört aber den ganz persönlichen Ton über eine Katharsis in der Weltansicht Reinholds. Reinhold will jetzt auf jeden Fall seine eigene „Revolution" als eine metaphysische Wende in der Geistesgeschichte der Menschheit darstellen. (Es gibt eine Charakterisierung der Aufklärung bei Reinhold, die man auch so auslegen kann, dass er sich nach einer Aussöhnung zwischen Unglaube und Aberglaube gesehnt hat: „[Durch eine] Aufklärung, die uns anstatt grauer Frömmlinge, unbändige Spötter, statt furchtsamer Heuchler, zaumlose Schwelger, statt abergläubiger Bürger, ungläu-

---

*der Moral bei der Sinnwegräumung des metaphysischen Erkenntnisgrundes für das zukünftige Leben*; VII. *Skizze einer Geschichte des psychologischen Vernunftbegriffes der einfachen denkenden Substanz*; VIII. *Fortsetzung des Vorigen. Hauptschlüssel zur rationalen Psychologie der Griechen.* Nach dem Abschluß der Briefreihe schreibt Reinhold seinen ersten Brief an Kant: „Endlich hat mein sehnliches Verlangen mich *Ihnen* durch einen schriftlichen Besuch zu nähern, über die schüchternen Bedenklichkeiten gesiegt, gegen das es seit mehr als einem Jahre her vergebens gekämpft hat [...]." Ebd. S. 270.
29 Ebd. S. 271.
30 Ebd. S. 272-273.
31 Ebd. S. 273.
32 Ebd. S. 298.

bige Wilde gäbe, würde [...] das Interesse unsers Nationalgeistes [...] nicht zuviel [...] gewonnen haben [...].)"³³

## 1. Das Bedürfnis der Kritik der Vernunft

Die geniale Idee Reinholds war, eine gewisse Verlangsamung oder eine gewisse Umsicht bei der Interpretation der kantischen Philosophie einzuführen. Die zwei Annäherungsweisen, die Reinhold Mitte der 80er Jahre kennengelernt hat, waren auf der einen Seite die unmittelbaren Reproduktionen der kantischen Begriffe oder Begrifflichkeit und auf der anderen Seite eine unmittelbare Zurückweisung der kantischen Thesen im Lichte der verbreiteten Schulphilosophie und Popularphilosophie. Reinhold wollte einen gewissen Anlauf machen, um sich dieser Philosophie annähern zu können. Damit entsteht eine sehr merkwürdige Denkfigur; es gibt eine, die Philosophie (oder das Verständnis einer Philosophie) vorbereitende philosophische Untersuchung, und eine solche ist unter gewissen Umständen auch notwendig. D. h., bevor man eine Philosophie verstehen will, muss man die Fragen und Problemen herausarbeiten, die diese Philosophie zu beantworten versucht. Diese Aussage verlangt aber sofort eine Präzisierung. Diese im Vorfeld liegenden Probleme und Fragen können nur nach einem gründlichen Studium des Werkes dargestellt werden. Man muss also zwischen dem Studium eines Werkes und dessen Darstellung unterscheiden. In der Darstellung wird diese Zirkelhaftigkeit aufgelöst; man muss einfach aus einer Problemsituation ausgehen, als ob sie unmittelbar gegeben wäre. Reinhold geht so von einer geistigen Situation der Zeit aus. Dieser Gedanke hat in den folgenden Jahren eine große Wirkung gehabt: Philosophische Werke stehen nicht in einem luftleeren Raum, sie sind in einer geistigen Situation der Zeit verwurzelt. Reinhold zufolge kann eine geistige Situation der Zeit durch zwei Begriffe erfasst werden, mit der *Krise* einerseits, und mit dem *Bedürfnis* andererseits. Reinhold beschäftigt sich sehr ausführlich mit der Krisensituation des geistigen Zeitalters. Zunächst fasst der Verfasser der *Briefe* die Meinung seines Briefpartners zusammen. Nach dem Briefpartner sind in der zeitgenössischen Theologie (und zwar mehr in der protestantischen als in der katholischen) folgende Erscheinungen zu beobachten:

(a) Die Verwendung der Vernunft bei den Religionsfragen hat sich so weit verbreitet, dass jetzt schon eine gewisse Gleichgültigkeit aufgetreten ist. Die Vernunft hat sich in Fragen der Religion leergelaufen.[34]
(b) Das Recht der Vernunft über den Bibelsinn zu entscheiden wird immer mehr angefochten, vor allem von den protestantischen Theologen.

---

33 Carl Leonhard Reinhold, *Schriften zur Religionskritik und Aufklärung 1782-1784*, a.a.O., S. 128.
34 Carl Leonhard Reinhold, Briefe über die kantische Philosophie, I. Teil, in: *Der Teutsche Merkur*, August 1786, S. 100-101.

(c) Die Vernunft scheint ihre Kompetenz auch zunehmend abzugeben an die Empfindung, an den gesunden Menschenverstand, an Institutionssinn, an Gottesgefühl etc.

(d) Es ist eine Vernachlässigung der Metaphysik eingetreten, wenigstens in Bezug auf die Religion. „[Was] mit den Ansprüchen unseres Jahrhunderts auf den Ehrentitel des Philosophischen den seltsamsten Kontrast macht."[35]

Der Verfasser der *Briefe* ist mit dieser Diagnose nicht unzufrieden, er meint, dass diese Tendenzen die Verfallsphänomene der Aufklärung wirklich gut beschreiben. Er versucht jedoch diese ganze Beschreibung umzuformulieren. Es kommt wahrscheinlich alles darauf an, diese Transformation richtig zu verstehen. Der Autor der *Briefe* behauptet zunächst, dass er nur mit den daraus gezogenen Konsequenzen nicht zufrieden ist. „Sie haben mich dringend aufgefordert, Ihnen meine Meinung über die wahrscheinliche Folge aller dieser Erscheinungen zusammengenommen zu schreiben."[36] Was sind aber diese Konsequenzen, laut des Freundes? Ich meine diese Konsequenzen lassen sich in der folgenden Behauptung zusammenfassen: „Wer nicht schon überzeugt ist, dass die Vernunft in unseren Tagen zu weit gegangen ist, der fürchtet wenigstens, sie werde zu weit gehen, und sucht entweder ihre alten willkürlichen Schranken wieder hervor, oder erfindet sich neue."[37] Der Freund scheint also davon überzeugt zu sein, dass die Vernunft sich von der Religion immer mehr zurückziehen wird, das bedeutet wiederum, dass eine aufgeklärte Auslegung der Religion gescheitert ist. „Wenn ich Ihnen nun gestehe, dass diese Meinung gerade das Gegenteil von der Ihrigen ist, so weiß ich, dass ich für Sie etwas sehr Paradoxes behaupte."[38] Warum soll aber diese Behauptung paradox sein? Wäre sie nicht vielmehr als überraschend zu bezeichnen? Auf jeden Fall unterstellt der Autor der *Briefe*, dass der Schluss aus der Diagnose zur Konsequenz nicht gerechtfertigt werden kann. Bisher scheint die Diskussion nicht besonders interessant zu sein: Es gibt eben einen schwachen Punkt, der korrigiert werden muss und damit wäre die Sache erledigt. Der Autor wendet sich aber nicht direkt dem Schluss zu, er beginnt stillschweigend die ganze Diagnose des Freundes umzudeuten. „Wenn die Erscheinungen, die Sie, mein Freund, auf ihrem Gemälde zusammenstellten, wirklich einen *gemeinschaftlichen Grund* haben, so ist dieser kein anderer, als das alte noch immer fortdauernde, aber gegenwärtig mehr als jemals rege [...] Missverständnis über das Recht und Vermögen der Vernunft in Religionssachen."[39] Zunächst unterstellt also der Autor, dass die Diagnose des Freundes auf einen gemeinschaftlichen Grund hin untersucht werden muss; dann wird aber diese Behauptung entkräftet, weil am Ende der Autor zu einem Problem kommt („das Recht [...] der Vernunft in Religions-

---

35 Ebd. S. 101.
36 Ebd. S. 104.
37 Ebd. S. 100-101.
38 Ebd. S. 104.
39 Ebd. S. 105. (Hervorhebung von mir, J.W.)

sachen"), das schon von dem Freund untersucht wurde. Der Autor beginnt also mit einer Transformation, die er aber gleichzeitig wieder zudeckt. Durch Hinterfragen nach einem gemeinsamen Grund kann die Wissenschaftlichkeit der Wissenschaft überprüft werden. „Man hat in unserem Jahrhundert versucht, die Anfangsgründe der Metaphysik durch untrügliche Beweise auf einem ebenso unveränderlichen Fuß zu setzen als die Anfangsgründe der Mathematik, und man weiß, wie groß die Hoffnung war, die man anfangs von dieser Bemühung schöpfte; allein der Erfolg hat gezeigt, wie schwer dieses Werk zu richten sei."[40] Ich schlage zunächst vor, nicht auf die Mathematik und die Metaphysik zu achten, sondern nur auf die Suche nach den Anfangsgründen. Die Suche nach den Anfangsgründen ist der Weg der Aufklärung. So sind wir zu einem ersten wichtigen Ergebnis gelangt: Der Autor wirft dem Freund vor, dass er sich damit begnügt über die Aufklärung zu sprechen, dieses Sprechen muss aber selbst im Zeichen der Aufklärung stehen. Die Theorie darf nicht ihre aufklärerischen Intentionen preisgeben. Um dieser Forderung gerecht zu werden, muss man das Studium der Krisentendenzen in die Philosophie überführen. Ich meine, dass das diejenige Transformation ist, die die ganze weitere Argumentation begründet und ermöglicht.

In der vorkantischen Zeit hat schon Moses Mendelssohn nach Möglichkeiten gesucht, wie die Metaphysik zur Wissenschaft gemacht werden könnte. Die Schwierigkeit liegt wohl darin, dass der Metaphysiker ein viel schwierigeres Gebiet zu behandeln hat, als z. B. ein Mathematiker. „Kurz, es ist dem Weltweisen nicht genug, wenn er, wie der Mathematiker, die notwendige Verbindung zwischen einem Subjekte und seinem Prädikate gezeigt; er muss noch über dem entweder das Dasein des Subjekts oder das Nichtsein eines Prädikats außer Zweifel setzen [...]."[41] Mendelssohn suggeriert, dass man diese höheren Forderungen vor Augen halten muss, und deswegen der Metaphysik gegenüber mehr Geduld aufbringen muss. Die Entwicklung der Wissenschaftlichkeit wird nach der Mathematik die Metaphysik erreichen, es muss nur noch das Problem gelöst werden, wie man auf einem wissenschaftlichen Niveau über das Dasein des Subjekts oder das Nichtsein eines Prädikats sprechen kann. Wie soll das aber geschehen? „Man hat in der Weltweisheit zwei verschiedene Wege, auf welchen zu den Wirklichkeiten zu gelangen ist."[42] – (1) Wir gehen von einem „Erfahrungsgrundsatz" aus, der aber keine bloße Erscheinung sein darf, und der zugleich eine Existenz impliziert. Es ist in der neuzeitlichen Philosophie bisher ein *einziger* solcher Grundsatz gefunden worden: Ich denke. Und aus diesem Grundsatz kann mit Gewissheit geschlossen werden: Also bin ich. „Auf diesem Grundsatz muss sich das

---

40 Moses Mendelssohn, Abhandlung über die Evidenz in metaphysischen Wissenschaften, in: ders., *Schriften über Religion und Aufklärung*, hg. von Martina Thom, Union Verlag, Berlin 1989, S. 109.
41 Ebd. S. 132.
42 Ebd.

ganze philosophische Lehrgebäude aufführen lassen, ohne sich irgend auf ein anderes Zeugnis der äußeren Sinne zu stützen."[43] – (2) Man kann auch versuchen von der Möglichkeit auf die Wirklichkeit zu schließen; im Allgemeinen ist es bekannt, dass so ein Schließen unmöglich ist. Es gibt aber ein Wesen, in dessen Fall so ein Schließen möglich ist. *„Das notwendige Wesen ist möglich; das notwendige Wesen ist wirklich.* Wenn ich also erweisen kann, dass das notwendige Wesen möglich ist, so habe ich auch seine Wirklichkeit dargetan, und es ist bekannt, dass jenes sich beweisen lässt."[44] – Beide Argumente stammen eigentlich von Descartes, der aber eindeutig dem ersten Argument das Primat gegeben hat. Mendelssohn neigt eher dazu, dass man das zweite Argument vorziehen sollte. Die Metaphysik kann also dadurch zu einer Wissenschaft werden, dass sie die Gotteslehre zu ihrem Modell macht. (Das spricht Mendelssohn nicht direkt aus; in seinem letzten Buch, *Morgenstunden, oder Vorlesungen über das Dasein Gottes* begründet er die Wichtigkeit seiner Untersuchung eher bekenntnishaft: „Soll ich die Wichtigkeit dieser Lehre, und den Einfluss, den sie auf die Glückseligkeit und auf die Ruhe des Menschen hat, völlig so vorstellen, wie ich davon überzeugt sein glaube? Wahrlich, was mich betrifft, so hat, ohne Überzeugung von dieser Wahrheit, das Leben für mich keinen Genuss und das Glück selbst keine Freuden.")[45]

Reinhold scheint in groben Zügen diese Theorie gekannt zu haben; im zweiten Brief setzt er sich kurz mit der Diskussion zwischen Jacobi und Mendelssohn auseinander. Er meint aber nicht, dass die Gotteslehre als Modell für die Verwissenschaftlichung der Metaphysik dienen kann. Er gibt zu, dass die Gottesfrage die zentrale metaphysische Frage ist: „Wir wollen ein für alle Mal voraussetzen, dass es die Vernunft war, welche von den ersten Zeiten ihrer Entwicklung an unaufhörlich *diese* Frage [d.i. die Frage nach dem Dasein Gottes] aufwarf."[46] Diese Aussage bestimmt den Ausgangspunkt der ganzen Untersuchung: Nicht die Theologie, sondern die Metaphysik bestimmt den Horizont der ganzen Untersuchung. Nachdem die Metaphysik endlich zur Wissenschaft geworden ist, kann auch endgültig die Frage nach dem Dasein Gottes gelöst werden. Das Modell der Wissenschaftlichkeit kann aber nicht der Denkfigur *„das notwendige Wesen ist möglich; das notwendige Wesen ist wirklich"*[47] folgen. Es ist also noch herauszufinden, wie die Metaphysik zu einer strengen Wissenschaft gemacht werden kann. Wichtiger scheint aber, dass die Schwierigkeiten bei der Erklärung über das Dasein Gottes jetzt selbst eine anregende Kraft in der Geschichte der Meta-

---

43 Ebd.
44 Ebd. S. 133.
45 Moses Mendelssohn, *Morgenstunden, oder Vorlesungen über das Dasein Gottes*, hg. von Dominique Bourel, Philipp Reclam jun., Stuttgart 1979, S. 78.
46 Carl Leonhard Reinhold, Briefe über die kantische Philosophie, I. Teil, a.a.O., S. 106. (Hervorhebung von mir, J.W.)
47 Ebd. S. 133.

physik übernehmen können. Die Krise der Philosophie artikuliert sich immer in der Unsicherheit der Gotteserklärung. Das bedeutet aber, dass die Krise zugleich mit einer Anregung zur Überwindung der Krise verbunden ist. Das ist der wichtigste Punkt, in dem die Meinung des Autors der *Briefe* von der des Freundes abweicht: „Ich [...] gestehe, dass [meine] Meinung gerade das Gegenteil von der Ihrigen ist [...]".[48] Diese antreibende Kraft der Untersuchung bezeichnet Reinhold als das *Bedürfnis* der Philosophie. „Allein so unvermeidlich es immer gewesen sein mochte, und noch jetzt sein mag, die Metaphysik über das Dasein Gottes zu befragen: so wenig waren und sind alle Antworten, die man bis jetzt von ihr erhalten hat, zur allgemeinen Überzeugung geschickt."[49] Das ist eine sehr allgemeine Behauptung; man kann aber sagen, dass sich diese Krise in der Gegenwart zugespitzt hat, nachdem sich die Vernunft als Medium der Gottesfrage behauptet hat. „Ich weiß, dass Gläubige und Ungläubige dieser Voraussetzung widersprechen. Die Ersteren behaupten: die Vernunft könne nie durch sich selbst auf diese Frage geraten; und die letzteren: sie erkläre dieselbe für überflüssig."[50] Die Vernunft hat schon immer das Medium dieser Fragestellung abgegeben, aber durch die Aufklärung ist sie jetzt hervorgetreten und hat die Frage nach dem Dasein Gottes in eine Krise gestürzt. Reinhold selbst beschreibt diese Polarisierung später als eine Dichotomie von Unglaube und Aberglaube, und weil die theologischen Fragen *eo ipso* philosophische Fragen sind, spricht er auch über Skeptizismus und Dogmatismus. Diese Gegenüberstellung kann auch mit großer Wahrscheinlichkeit auf Mendelssohn zurückgeführt werden. Mendelssohn beschreibt in einer Passage die voraufklärerische Religion, wie folgt: „Jeder Naturforscher musste damals ein Gottesleugner sein oder wenigstens dafür gehalten werden. Wie war es mit dem Epikur? Er bemühte sich, alle Naturbegebenheiten aus mechanischen Gründen zu erklären, und befreite die Götter von den mühsamen Arbeiten. [...] So groß ist der Einfluss des Zeitpunktes, in welchem wir leben, auf unsere Meinungen, und so nahe sind *Aberglauben* und *Unglauben* einander verwandt."[51] Reinhold ist einverstanden mit dem Gedanken, dass bei der Artikulation gewisser theoretischen Auffassungen der Zeitpunkt eine wichtige Rolle spielt. Obwohl er sagen würde, dass der Zeitpunkt selbst durch die Vernunft bestimmt ist; die jeweilige Gestalt der Vernunft bestimmt also die Artikulation der theoretischen Fragen. Die Beschreibung Mendelssohns ist aber nicht auf die voraufklärerische Zeit zu beziehen, sondern muss auf den Einbruch der Aufklärung bezogen werden. In dieser Zeit wird die Gesellschaft polarisiert: Einige ignorieren die Vernunft und verwandeln dadurch den Glauben in Aberglauben, andere verstehen die Vernunft als Gegeninstanz zum Glauben. Wie kann man in dieser

---

48 Ebd. S. 104.
49 Ebd. S. 106.
50 Ebd.
51 Moses Mendelssohn, Abhandlung über die Evidenz in metaphysischen Wissenschaften, a.a.O., S. 153-154. (Hervorhebung von mir, J.W.)

Situation das Bedürfnis nach einer neuen Philosophie begründen? Nach dem Einbruch der Aufklärung muss jetzt die Vernunft selbst untersucht werden. In diesem Sinne spricht Reinhold über das *Bedürfnis* nach einer *Kritik der Vernunft*. „Das Problem, was ist durch Vernunft möglich, wird also durch die gegenwärtigsten Zeitumstände notwendig gemacht, vorbereitet und aufgegeben."[52] Nach dem Hervortreten der Vernunft kann die Frage nach dem Dasein Gottes nicht mehr unmittelbar thematisiert werden; die Vernunft muss selbst zum Thema werden. Das bedeutet, dass auch Glaube und Aberglaube einer philosophische Transformation bedürfen, sie erscheinen jetzt als Dogmatismus und Skeptizismus. „Kant hat den bisherigen Dogmatismus und Skeptizismus eben so gewiss gestürzt, als Kopernikus und Newton das ptolemäische und das tychoische gestürzt haben."[53] (Man muss hier anmerken, dass Kant erst *nach* diesen *Briefen* – im Vorwort zur zweiten Auflage der *Kritik der reinen Vernunft* – die Theorie der *kopernikanischen Wendung* ausgearbeitet hat.) Die Vernunft wird bei Kant hinsichtlich ihrer letzten Prinzipien untersucht, was dazu führt, dass die Metaphysik zu einer Wissenschaft erhoben wird; diese neue Metaphysik als strenge Wissenschaft stürzt dann den Dogmatismus und den Skeptizismus.

Diese Metaphysik muss aber weiterreichende Folgen haben, sie muss erstens über die theoretische Frage nach dem Dasein Gottes und zweitens über die ganze religiöse Praxis der Zeit etwas aussagen können. Die erste Folge scheint relativ problemlos zu sein, weil die Metaphysik *ab ovo* nur eine indirekte Thematisierung des Daseins Gottes ist. Die zweite Frage scheint aber schwieriger zu sein: Reinhold erklärt sie ähnlich, wie er in seinen früheren Auslegungen das Verhältnis zwischen Philosophie und Aufklärung erklärt hat. „Die Auflösung des großen Problems, wenn sie unseren Bedürfnissen angemessen sein [...] soll, muss durchaus apodiktisch gewiss, und folglich zur allgemeinsten Überzeugung geschickt sein."[54] (Es ist auffallend, dass jetzt das „Bedürfnis" in einem ganz neuen Kontext vorkommt; Bedürfnisse bekommen jetzt eine soziale oder kulturelle Bedeutung, Krise und Bedürfnis werden jetzt dichotomisch aufgefasst.) Diese allgemeine Überzeugung ist aber noch nicht ganz erreicht. „Indessen ist es eine bekannte Tatsache, dass die *Kritik der Vernunft* keineswegs bei allen, die sie gelesen haben, diese Überzeugung bewirkt hat."[55] Da sieht Reinhold (besser gesagt der Briefschreiber) seine Aufgabe: Er möchte zur gesellschaftlichen Anerkennung der *Kritik der Vernunft* beitragen.

---

52 Carl Leonhard Reinhold: Briefe über die kantische Philosophie, I. Teil, a.a.O., S. 123.
53 Ebd. S. 126.
54 Ebd. S. 125.
55 Ebd. S. 125-126.

## 2. Was hat die kantische Philosophie über das Dasein Gottes zu sagen?

Die Untersuchungen Reinholds nehmen dann doch einen ganz anderen Gang. Nicht die Apodiktik der kantischen Philosophie wird bewiesen, sondern die Konsequenzen seiner Philosophie für das Dasein Gottes werden herausgearbeitet. Der erste Brief beginnt mit dem folgenden Auftakt: „Sie bestehen also auf Ihrer Meinung, lieber Freund, dass die Aufklärung unsres teutschen Vaterlandes in dem protestantischen Teile abnehme, seit dem sie im Katholischen zunehme?"[56] Dieser Ausgangspunkt wird später verwischt; es geht zunächst um eine allgemeine Charakterisierung der Religion. Die angekündigte komparative Analyse findet nicht statt. Es gibt aber eine Briefstelle, die nach dem Erscheinen des dritten Briefes eben zu dieser Stelle zurückkommt. „Meine *Briefe über die kantische Philosophie*, die im August voriges Jahres angefangen, und nun im Januar dieses Jahres und jeden Monat fortgesetzt werden, sollen so Gott will, das Übel woran der Katholizismus und der orthodoxe Protestantismus gemeinschaftlich krank liegen, nach und nach in seinen Quellen aufdecken. [...] Wie sie es im *zweiten* Briefe [...], noch mehr aber im *dritten* [...] an Beispielen finden werden."[57] Der Aufbau der *Briefe* ergibt sich also *nicht* aus einem Vergleich zwischen Protestantismus und Katholizismus, hinsichtlich der Aufklärung, sondern von einer philosophischen Arbeit Moses Mendelssohns. In seiner 1763 geschriebenen *Abhandlung über die Evidenz in metaphysischen Wissenschaften* zählt Mendelssohn zu den metaphysischen Wissenschaften: die Mathematik, die Metaphysik, die natürliche Gottesgelehrtheit und die Sittenlehre. Die Mathematik möchte Reinhold nicht richtig dazurechnen, sie gibt ja nur das Modell für die Wissenschaftlichkeit ab, die Metaphysik ist hingegen durch die kantische Philosophie vorgegeben. Es kommt jetzt darauf an, zuerst die Konsequenzen für die Gotteslehre und dann für die Sittlichkeit herauszuarbeiten. Es gibt hier wirklich eine Lücke zu füllen; Reinhold schreibt in seinem zweiten Brief: „Mendelssohn selbst gesteht in der Vorrede zu seinen vortrefflichen *Morgenstunden*: ‚dass er die Werke des alles zermalmenden Kants nur aus unzulänglichen Berichten seiner Freunde oder aus gelehrten Anzeigen [...] kenne'."[58] Dieses Bekenntnis von Mendelssohn ist in einen breiteren Kontext eingebettet: „Ich weiß, dass meine Philosophie nicht mehr die Philosophie der Zeiten ist. Die Meinige hat noch allzu sehr den Geruch jener Schule, in welcher ich mich gebildet habe. [...] Das Ansehen der Schule ist seitdem gar sehr gesunken, und hat das Ansehen der spekulativen Philosophie überhaupt mit in seinen Verfall gezogen. Die besten Köpfe Deutschlands sprechen seit Kurzem von aller Spekulation mit schnöder Wegwerfung. Man dringet durchgehends auf Tatsachen, hält sich bloß an Evidenz der Sinne, sammelt Beo-

---

56 Ebd. S. 99.
57 Carl Leonhard Reinhold, *Korrespondenz 1773-1788*, a.a.O., S. 186-186.
58 Carl Leonhard Reinhold, Briefe über die kantische Philosophie, II. Teil, a.a.O., S. 138.

bachtungen, häuft Erfahrungen [...]."⁵⁹ Die so entstandene allgemeine geistige Richtung nennt Mendelssohn *Materialismus*. Der Materialismus hat aber viele Leute irritiert, und so ist eine falsche Gegenreaktion auf ihn entstanden, die Mendelssohn als *Schwärmerei* bezeichnet. (Diese Dualität entspricht auf das Genaueste dem, was Reinhold *Unglauben* und *Aberglauben* genannt hat.) Mendelssohn weiß, dass auch andere Philosophen den Kampf gegen den Zeitgeist aufgenommen haben, er selbst kann aber diese Theorien nicht mehr studieren: „Das Geschäft sei besseren Kräften aufbehalten, dem Tiefsinn eines *Kants*, der hoffentlich mit demselben Geiste wieder aufbauen wird, mit dem er niedergerissen hat."⁶⁰ Wenn man berücksichtigt, dass Mendelssohn selbst sagt, dass er die kantische Philosophie nicht mehr studieren konnte, ist dieses Urteil beleidigend oberflächlich.⁶¹

Reinholds Arbeit setzt eben an dieser Stelle ein; er will zeigen, dass die kantische Philosophie nicht nur etwas niedergerissen hat, sondern auch explizite Hinweise zu einer Aufbauarbeit beinhaltet. Aus Kants Philosophie ergeben sich Implikationen für die „Gottesgelehrtheit". Interessant ist, dass im zweiten Brief der Begriff der Vernunft etwas anders ausgelegt und platziert wird. „Was ich in meinem letzten Briefe von dem Mangel einer allgemein befriedigenden Antwort über die Frage vom Dasein Gottes behauptet habe, gilt eigentlich mehr die Gründe und Beweise dieser Antwort, als die Antwort selbst."⁶² Diese eingeführte Unterscheidung bedeutet jetzt, dass das Dasein Gottes von der philosophischen Begründung abgehoben wird. Das Dasein Gottes ist jetzt ein „allgemein einleuchtender" Gedanke, der uns allen durch den gesunden Menschenverstand bekannt ist. Die Gottesvorstellung ist so vor allem kein philosophisches Thema, sondern ein Thema des *common sense*. Um das zu erläutern, gibt Reinhold das folgende Beispiel: „Die sieben Hauptfarben des Lichtes haben durch ihre gleiche Mischung immer die weiße Farbe abgegeben, auch bevor Newton das Dasein dieser sieben Hauptfarben in jedem Lichtstrahle und die Wirkung ihrer gleichen Mischung entdeckt

---

59 Moses Mendelssohn, *Morgenstunden, oder Vorlesungen über das Dasein Gottes*, a.a.O., S. 6-7.
60 Ebd. S. 7.
61 Kant hat das Büchlein von Mendelssohn zugeschickt bekommen, mit einem Brief, in dem Mendelssohn schreibt: „Ob ich gleich die Kräfte nicht mehr habe, Ihre tiefsinnige Schriften, mit der erforderlichen Anstrengung zu studieren; so weiß ich doch, dass wir in Grundsätzen nicht übereinkommen. Allein ich weiß auch, dass Sie Widerspruch vertragen; ja das nie lieber haben als Nachbeten. So wie ich Sie kenne, ist die Absicht Ihrer Kritik bloß das Nachbeten aus der Schule der Philosophie zu verbannen. Sie lassen übrigens seinem jeden das Recht andrer Meinung zu sein, und die seinige öffentlich zu sagen." Ebd. S. 221.o. Auf diesen Brief hat dann Kant nicht mehr geantwortet.
62 Carl Leonhard Reinhold, Briefe über die kantische Philosophie, II. Teil, a.a.O., S. 127.

hat."⁶³ Es gibt also zwei Typen von Entdeckungen: Entweder man schafft etwas ganz Neues, was noch nie in der Welt war, oder man stellt gewisse Gründe oder Zusammenhänge fest. Die Vernunft ist also hier nur als eine Reflexion auf die alltägliche Gottesvorstellung zu verstehen. Dann kommt aber ein Gedanke, der diesen neuen Bezugsrahmen erschüttert: „Der Aberglauben und Unglauben hatten ihre Verwüstungen schon sehr weit getrieben, bevor sich die Theologen genötigt sahen, die Frage, ob der Glaube der Vernunft widersprechen dürfe, und ob die Vernunft den Glauben begründen könne, einer größeren Aufmerksamkeit zu würdigen."⁶⁴ Das bedeutet, dass die fehlende Begründung die alltäglichen Gottesvorstellungen einer Krise ausgeliefert hat. Das könnte man vielleicht auch so ausdrücken, dass die fehlende Begründung der Gottesvorstellung zu einer krisenhaften Polarisierung von Aberglauben und Unglauben geführt hat. Die Vernunft wird dann nur in Krisenzeiten aktiviert. „Indessen kann man es als eine durch die Erfahrung aller Zeiten bestätigte Tatsache annehmen, dass die Vernunft bei allen kultivierten Nationen der allgemeinen Überzeugung von Dasein Gottes immer in eben dem Verhältnisse zu Hülfe kam, als die Überzeugung [über das Dasein Gottes] in ihren Gründen Gefahr lief."⁶⁵

Dieser Zusammenhang ist also nicht a priori, er resultiert nicht aus Vernunftgründen, sondern kann nur durch Erfahrung erwiesen werden. Auch in der jetzigen Situation haben wir es mit einer solchen Krise zu tun; von näher betrachtet ist diese Krise aber viel tiefer als alle frühere Krisen. „Noch nie vielleicht waren diese Gründe so allgemein und so nachdrücklich erschüttert worden, als in unseren Tagen. Es ließe sich also schon in dieser Rücksicht hoffen, dass die Vernunft zum Besten der allgemeinen Überzeugung etwas unternehmen müsse, was sie noch nie getan hat."⁶⁶ Es lässt sich also nur hoffen; wie können wir es aber merken, dass die Vernunft so was getan hat? Das ist Interpretationsarbeit; wir gehen jetzt also nicht von der kantischen Philosophie aus, sondern von einer religiösen Krise, und wollen zeigen, dass die kantische Philosophie in dieser Hinsicht relevant ist. Reinhold begründet die Relevanz der kantischen Theorie mit drei Argumenten: (1) Die kantische Philosophie ist eine so „scharf geprüfte" Philosophie, wie keine einzige vor ihr; (2) sie gibt sowohl der Vernunft als auch dem Glauben einen Selbstwert, und versucht zu zeigen, wie sich beide zueinander verhalten; (3) die „rechtmäßigen Ansprüche" von Vernunft und Glaube sind noch nie so einleuchtend dargetan worden.⁶⁷ – Wir sehen, dass sich die Konstellation völlig verändert hat: Nicht die kantische Philosophie muss verbreitet werden, nicht eine esoterische philosophische Konzeption muss exoterisch gemacht werden, sondern die kantische Philosophie hat das schon vollzogen. Um zu einer Rekonstruktion

---

63 Ebd. S. 128.
64 Ebd. S. 129.
65 Ebd.
66 Ebd.
67 Ebd. S. 134.

der inhaltlichen Lösung zu kommen, müssen wir uns die zwei Krisenparteien vor Augen führen. Was Reinhold früher (in den Fußstapfen von Mendelssohn) als Unglauben bezeichnet hat, das heißt jetzt *Naturalismus*. Die Vertreter dieser Richtung wollen eine apodiktische Gewissheit, die allen Glauben überflüssig macht. Was Reinhold früher (Mendelssohn folgend) als Aberglauben bezeichnet hat, das heißt jetzt *Supernaturalismus*. Die Vertreter dieser Richtung wollen einen Glauben rechtfertigen, der alle Vernunftgründe überflüssig macht.[68] Das ist aber nicht nur eine empirisch beobachtbare Polarisierung, sondern sie weist auch darauf hin, dass die Frage nach dem „Anteil der Vernunft an der Überzeugung vom Dasein Gottes" *eigentlich* aus zwei Fragen besteht. (1) Kann die Vernunft apodiktische Beweise für das Dasein Gottes anbieten, was den Glauben überflüssig macht? (2) Ist ein Glauben an das Dasein Gottes möglich, der ohne Vernunftgründe auskommt? Kant hat auf beiden Fragen, so behauptet Reinhold, eine *verneinende* Antwort gegeben. Diese Antworten kann man so zusammenfassen: Die apodiktischen Beweisgründe der Vernunft können den Glauben nie überflüssig machen *und* der Glaube ist immer auf die Beweisgründe der Vernunft angewiesen. Es kann jetzt eine sehr interessante Verschiebung gegenüber Kant festgestellt werden: Kant wollte die begrenzten Möglichkeiten der Vernunft bei der Gotteserkenntnis aufzeigen. Reinhold arbeitet aber mit zwei Vernunftbegriffen. Die Vernunft ist einerseits ein Gegenbegriff vom Glauben und die Vernunft ist andererseits ein Prinzip der Vereinheitlichung. Erst an diesem Punkt ist zu ahnen, dass der früher behauptete empirische Zusammenhang zwischen Krise und Lösung hier doch noch zu einem logischen Zusammenhang wird. Die dem Glauben entgegenstellte Vernunft kann in Krise geraten, die einheitsbildende Funktion der Vernunft wirkt aber immer dagegen. Der als unauflösbar erscheinende Konflikt zwischen Naturalisten und Supernaturalisten ist so *für immer* gelöst.[69] Wie berührt aber diese *Kritik* (oder Vereinheitlichung) die beiden Richtungen? Dem Supernaturalismus wird gezeigt, dass er nicht Vernunftgründe entbehren kann, er wird nur korrigiert. Dem Naturalismus wird aber gezeigt, dass er den Glauben nicht ersetzen kann, dass die apodiktischen Beweisgründe den Glauben nie unterminieren können, er wird also zurechtgewiesen. Der Naturalismus ist die gefährlichere Richtung, sie entspricht dem, was Mendelssohn als Grundtendenz unserer Zeit beschrieben und kritisiert hat. „[Kant] hat den Atheismus, der gegenwärtig unter den Gestalten des Fatalismus, Materialismus und Pantheismus mehr als jemals in der moralischen Welt herumspuckt, als ein Hirngespenst [...] dargestellt, auf die unsre neueren Theologen bei ihrer Entlarvung des Teufels keinen Anspruch machen können [...]."[70] Mendelssohn hat also recht gehabt, als

---

68 Ebd. S. 130.
69 Ebd. S. 132.
70 Ebd. – Es gibt in diesem Zitat eine sehr interessante Gegenüberstellung: Der Philosoph erfasst die Grundtendenz der Zeit „ontologisch", der Theologe „anthropologisch", in der Gestalt des Teufels.

er Kant in dieser Hinsicht zu seinen Mitkämpfern gerechnet hat. Mendelssohn weiß aber über seine Grenzen Bescheid. „Ich bin mir meiner Schwäche allzu sehr bewusst, auch nur die Absicht zu haben, eine [...] allgemeine Umwälzung zu bewirken."[71] Diese Umwälzung hat Kant laut Reinhold vollbracht.

Kant hat aber nicht nur theoretisch einen Ausweg aus einer krisenhaften Situation gezeigt, sondern seine Theorie musste auch Konsequenzen haben für die praktische Religion. (Wenn er auch über die Dualität von Vernunft und Glauben gesprochen hat, hat er bisher den Zusammenhang beider aus der Perspektive der Vernunft beschrieben.) Reinhold variiert seine Gegenüberstellung jetzt wieder ein Stück weiter: Statt Naturalismus und Supernaturalismus spricht er jetzt über den Deisten und den Gläubigen. Der Deist ist innerhalb der Theologie der Naturalist. Der Streit wird auch in dieser Form endgültig aufgelöst: „Der Deist, der bei der Überzeugung vom Dasein Gottes seine Vernunft, und der Gläubige, welcher dabei seinen Glauben geltend machen will, finden beide ihre vernünftigen Forderungen bestätigt, so wie um Gegenteile ihre unstatthaften Ansprüche abgewiesen, nach welchen der eine keinen Glauben neben seiner Vernunft und der andre keine Vernunft über seinen Glauben zugeben wollte."[72] Reinhold wiederholt nur, was er über das Verhältnis von Naturalismus und Supernaturalismus geschrieben hat, mit einer hauchdünnen Verschiebung: wir sind jetzt innerhalb der Theologie. Überraschend ist, dass Reinhold den Deisten mit der Position Mendelssohns identifiziert: „Mendelssohn schützte und verteidigte den demonstrativen Deismus, und hielt denselben [...] unter allen anderen Systemen für das einzige Erweisliche."[73] Das bedeutet aber, dass Mendelssohns Theorie nicht nur verlängert, sondern zunächst mit einer anderen Position konfrontiert werden und dann durch eine Synthese überwunden werden muss. Diese entgegengestellte Position wird von Jacobi vertreten, dessen *Spinoza-Büchlein* eben in der ersten Auflage erschienen war. „Das Element aller menschlichen Erkenntnis und Wirksamkeit ist Glaube."[74] Dieser Streit zwischen Jacobi und Mendelssohn, der die zeitgenössische Diskussion über die Religion bestimmt hat, ist eigentlich schon

---

71 Moses Mendelssohn, *Morgenstunden*, a.a.O., S. 7.
72 Carl Leonhard Reinhold, Briefe über die kantische Philosophie, II. Teil, a.a.O., S. 135.
73 Ebd. S. 140-141.
74 Friedrich Heinrich Jacobi, *Über die Lehre des Spinoza*, hg. von Klaus Hammacher und Irmgard-Maria Pirke, bearbeitet von Marion Lauschke, Felix Meiner Verlag, Hamburg 2000, A 124. Da schließt sich das folgende Zitat von Lavater an: „Wer kann beweisen, dass in einem historischen oder poetischen Gemälde diese, jene Zeile von dem Meister ist, der seinen Namen dazu schrieb, oder dessen Stil nicht zu verkennen ist? Wer [kann] beweisen, dass ein Brief, den Ihr von einer bekannten Hand erhalten – von einem einzigen geschrieben sei? Alles das aber wird Euch Euer Gefühl, Euer Institutionssinn, das in unseren Philosophien und Theologien noch keinen Name hat. [...] Dieses namenlose, allwirkende Etwas ist Wahrheitssinn, Element und Principium des Glaubens." Ebd. S. 124-125.

vor seinem Ausbruch gelöst worden. Diese zwei Deutungstendenzen der Religion haben ihre entsprechende Bedeutung in der Religion selbst. „Endlich wird damit der unselige Unterschied zwischen einer esoterischen und exoterischen Religion aufgehoben."[75] Der „gewöhnliche Glaube" und die „gewöhnlichen Vernunftbeweise" waren streng voneinander getrennt. Reinhold spricht in diesem Zusammenhang über die Religion von zwei „Menschenklassen". „Die Religionen dieser beiden Menschenklassen sind nicht durch eine bloße äußere Verschiedenheit der Vorstellungsarten, sondern in den Grundbegriffen selbst einander entgegengesetzt."[76] Kant hat auch den Glauben dieser beiden „Menschenklassen" miteinander versöhnt. Reinhold nähert sich langsam einer These, die er aber nicht direkt aussprechen wird: Die esoterische und die exoterische Seite des Glaubens sind beide für den Glauben konstitutiv. „In der kantischen Antwort ist es also ein und ebenderselbe Vernunftgrund, welcher dem aufgeklärtesten sowohl als dem gemeinsten Verstande Glauben gebietet; und zwar einen Glauben, der die strengste Prüfung des einen aushält, und den gewöhnlichen Fähigkeiten des anderen einleuchtet."[77] Der kleine Schritt wäre nur noch, dass die aufklärerische Vernunft und der gemeine Verstand in allen Gemütern vorhanden sind; dann könnte man nämlich sagen, dass Kant nicht nur die Diskussion über den Glauben aufgelöst hat, sondern auch den Glauben erneuert hat.

### 3. Der Zusammenhang zwischen Moral und Religion

Der Freund stellt nun eine pragmatische Frage: „Was soll die Religion durch den Umsturz von Beweisen gewinnen, denen eine so beträchtliche Menge großer und kleiner Geister ausschließend die Kraft der Überzeugung [...] zu verdanken hat [...]?"[78] Diese Frage soll die zwei wichtigen Einsichten des zweiten Briefes vereinheitlichen; die Vernunft *kann* solche Beweise nicht geben und sie sind für den Glauben auch nicht *wichtig*. Der Hintergrund der Frage kann vielleicht wie folgt rekonstruiert werden: Es mag schon sein, dass die Beweise für den Glauben im Allgemeinen nicht wichtig sind, aber könnte es nicht sein, dass sie für kleinere

---

75 Carl Leonhard Reinhold, Briefe über die kantische Philosophie, II. Teil, a.a.O., S. 135.
76 Ebd.
77 Ebd. S. 137.
78 Carl Leonhard Reinhold, Briefe über die kantische Philosophie, III. Teil, in: *Der Teutsche Merkur*, Januar 1787, S. 4-5. Im Dezemberheft hat Wieland mitgeteilt: „Die im August angefangenen Briefe über die kantische Philosophie, welche durch zufällige Ursachen unterbrochen, und zum Teil durch andere Artikel, die man nicht zurücksetzen konnte, verdrängt worden sind, sollen in dem bevorstehenden Jahrgang von Monat zu Monat fortgesetzt werden; und dies um so gewisser, da sie, wie wir hören, die Aufmerksamkeit unserer ernsthaften Leser erregt haben [...]." Zitiert nach: Carl Leonhard Reinhold, *Korrespondenz 1773-1788*, a.a.O., S. 185, Fußnote 35.

und größere Geister doch eine gewisse Wichtigkeit haben? Man könnte versucht sein, diese Frage zu bejahen, aber dann muss man berücksichtigen, dass diese Beweisgründe *nicht* stichhaltig sind. Die letzte Konsequenz ist, dass die Verbindung zwischen der theoretischen Philosophie und der Religion aufgelockert wird. Die Theorie kann keine Beweisgründe für den Glauben liefern, und der Glaube ist auch gar nicht darauf angewiesen. Der Glaube wird so von der Metaphysik abgetrennt; in welchem Kontext kann dann der Glaube thematisiert werden? „Die Religion gewinnt durch [die Zurückweisung und Überflüssigmachen] dieser Beweise [...] nichts Geringeres, als einen einzigen unerschütterlichen und allgemeingültigen Erkenntnisgrund, der [...] die Vereinigung zwischen Religion und Moral vollendet, welche durch das Christentum auf dem Wege des Herzens eingeleitet worden ist."[79] Diese Behauptung kombiniert zwei Aussagen miteinander.

(1) Es gibt zwei fehlgeschlagene Versuche, den Glauben zu begründen. Genauer betrachtet war aber von denen keiner eine richtige Begründung. Auf der einen Seite steht der Naturalismus, der alles auf Naturgesetzte zurückführen wollte. Letztendlich ist aber eine solche Strategie auf das Überflüssigmachen des Glaubens hinausgelaufen. Mendelssohn hat diese Tendenz gefürchtet; er wollte zeigen, dass auch die Naturgesetzlichkeit in Dienst der Religion gestellt werden kann – das hat Reinhold als „Deismus" bezeichnet. Auf der anderen Seite steht der Supernaturalismus, der von der Selbstgenügsamkeit des Glaubens ausgeht und eine Begründung des Glaubens als überflüssig erklärt. Das bedeutet also, dass erst jetzt (nach der Kritik an Naturalismus und des Supernaturalismus) eine richtige Begründung des Glaubens möglich gemacht wurde. Diese Begründung erscheint jetzt in der Form eines „notwendigen Zusammenhanges". Die Vereinigung zwischen Religion und Moral wird so zu einer gewissen Begründung der Religion. Mendelssohn hat in seiner *Abhandlung über* die *Evidenz in metaphysischen Wissenschaften* erst die Gotteslehre und dann die Sittlichkeit behandelt; eigentlich ist diese Reihenfolge auch bei Reinhold festzustellen. Die Struktur der Argumentation ist aber schon bei Mendelssohn sehr merkwürdig. *Einerseits* führt er die sittlichen Handlungen in einem theoretisch-metaphysischen Rahmen ein. Bei allen rechtschaffenen Handlungen haben wir es mit einem Vernunftschluss zu tun. „Der Obersatz [des] Vernunftschlusses ist eine Maxime, eine allgemeine Lebensregel, welche wir zu einer anderen Zeit angenommen und bei Gelegenheit des gegenwärtigen Falles natürlicherweise in das Gedächtnis zurückkommen muss. Der Untersatz [hingegen] gründet sich auf eine genaue Beobachtung der gegenwärtigen Umstände [...]."[80] Die Sittenlehre muss demnach in zwei Bereiche eingeteilt werden, in den „lehrenden und ausübenden". Der erstere trägt die allgemeinen Lebensregeln vor, der letztere lehrt die Anwendung und Ausübung. Mendelssohn leitet in diesem Zusammenhang ein allgemeines moralisches Gesetz

---

79 Carl Leonhard Reinhold, Briefe über die kantische Philosophie, III. Teil, a.a.O., S. 5.
80 Moses Mendelssohn, Abhandlung über die Evidenz in metaphysischen Wissenschaften, a.a.O., S. 155.

ab. „*Mache deine und deines Nebenmenschen inneren und äußeren Zustand in gehöriger Proportion, so vollkommen, als du kannst.*"[81] Andrerseits versucht er nach der Einführung der Sittenlehre eine gewisse Übereinstimmung zwischen Gottesgelehrtheit und Sittlichkeit herauszuarbeiten. „Von einer anderen Seite lässt sich aus unumstößlichen Gründen dartun, dass dieses allgemeine [moralische Gesetz] mit den Absichten Gottes übereinkomme, und dass ich dem großen Endzwecke der Schöpfung gemäß lebe, ein Nachahmer der Gottheit werde, sooft ich ein Geschöpf, mich oder ein anderes vollkommen mache."[82] Mendelssohn versucht aber diese These nicht zu beweisen, er stellt sie vielmehr als selbstevident auf, was er einfach mit den folgenden Fragen suggeriert: „Kann das allerweiseste und gütigste Wesen eine andere Absicht haben, als die Vollkommenheit der Geschöpfe? Kann es also etwas anderes wollen, als dass wir unsere freie Handlungen dieser Absicht gemäß einrichten sollen?"[83] Reinhold spricht zwar auch über einen „notwendigen Zusammenhang", er will aber ihn in eine Begründung umdeuten. „Die *Wiedervereinigung* von Religion und Moral ist nur dadurch möglich, dass jener Erkenntnisgrund aus der praktischen Vernunft, oder vom Sittengesetze hergeleitet werde."[84] Nachdem die theoretische Philosophie (d. h. die Metaphysik) die Religion nicht begründen konnte, muss diese Last jetzt auf die praktische Philosophie (d. h. auf die Sittlichkeit) übergehen.

(2) Dieser Begründungszusammenhang wird aber durch eine Einheit, die auch bei Mendelssohn vorkommt, relativiert. Reinhold spricht von Wiedervereinigung und behauptet, dass eine solche Vereinigung eigentlich schon „durch das Christentum auf dem Wege des Herzens"[85] eingeleitet wurde. Schon aus dem Wortgebrauch kann eine gewisse Zeitdiagnose abgelesen werden. Es gab einmal eine gewisse Einheit zwischen Religion und Moral, die durch eine Krise erschüttert wurde. Diese Krise ist unmittelbar vor dem Auftreten Christi entstanden. „Christus hatte bei dem großen Haufen seiner Zeitgenossen Religion ohne Moral und bei ein paar philosophischen Sekten Moral ohne Religion angetroffen."[86] Diese einfache Symmetrie scheint aber irreführend zu sein und muss präzisiert werden. Vor allem ist zu bemerken, dass das, was Reinhold jetzt so stichwortartig hinschreibt, ihn wahrscheinlich auch schon früher (in seiner Mönchszeit) tief beschäftigt hat. Diese Zeitdiagnose geht auf eine herkömmliche Deutung des jüdischen Gesetzes zurück. In der Theologie am Ende des 18. Jahrhunderts muss die (eigentlich von Marcion eingeführte) These sehr verbreitet gewesen sein, dass die

---

81 Ebd. S. 157.
82 Ebd. S. 158.
83 Ebd.
84 Carl Leonhard Reinhold, *Korrespondenz 1773-1788*, a.a.O., S. 155. (Hervorhebung von mir, J.W.)
85 Carl Leonhard Reinhold, Briefe über die kantische Philosophie, III. Teil, a.a.O., S. 5.
86 Ebd.

Gesetze ihre lebendige Kraft verloren haben.[87] Zahlreiche Aussagen Jesu scheinen darauf hinzuweisen, dass er die Menschen für wichtiger hält, als die Gesetze. Auf der anderen Seite bedeutet das, dass die Gesetze den Einzelnen mit Ersticken bedroht haben. Jesus war aber mit Sicherheit nicht der Erste, der auf diese Situation reagiert hat. Es gab kleinere Sekten (Sadduzäer, Pharisäer), die diese Herausforderung schon früher wahrgenommen haben. Aber erst Jesus konnte die Moral durch eine Erneuerung des Glaubens begründen. Die „Religion [...] musste die Grundlage des neuen sittlichen Gebäudes werden".[88] Zu Jesu Zeiten war eine neue universale Moral entstanden, die aber keinen religiösen Hintergrund gehabt hätte. In der Vereinheitlichung von Religion und Moral werden aber beide Pole präzisiert: „Moral und Religion waren nun nicht nur miteinander ausgesöhnt, sondern auch durch ein *inniges Verhältnis* vereiniget, nach welchem die Moral wenigstens insofern von der Religion abhing, als sie derselben Ausbreitung und Wirksamkeit zu danken hatte."[89] Das Christentum ist ein religiös begründetes Weltbürgertum: „Auf diese Weise bildete das Christentum im eigentlichen Verstande Weltbürger, und hatte bei diesem großen Geschäfte vor der Philosophie den Vorzug voraus, dass es sich keineswegs, wie diese, nur auf jene Klassen von Menschen einschränken durfte, denen das zufällige Loos einer höheren Kultur zu Teil ward."[90] Aus dieser Beschreibung geht schon hervor, was Reinhold unter einem Idealzustand der Religion und unter der Begründungsfunktion der Moral versteht. Die moralischen Maximen der Vernunft müssen erstens für den Verstand des „gemeinen Mannes" *versinnlicht*, und zweitens dem Denkenden *ans Herz* gelegt werden – beide sind Formen der Religiosität. Das heißt, dass es zwei Wege gibt, wie das Sittengesetz seine Adressaten erreichen kann. Erstens muss ein gewisser *Kult* ausgebaut werden für die gemeinen Leute und zweitens muss es eine gewisse *Erbauung* geben für die Gebildeten. (Reinhold benutzt zwar nicht das Wort, aber ich meine, von der Bedeutung her passt es sehr gut.)[91] Das bedeu-

---

87 Marcion (der im 2. Jahrhundert lebte) ist wahrscheinlich der meist bekämpfte Häretiker der alten Kirche; was wir über ihn wissen, stammt ausschließlich aus den Schriften seiner Gegner und ist also polemischer Natur. Auf jeden Fall scheint sein Hauptanliegen gewesen zu sein, das Christentum vom Judentum streng abzuheben. Er konfrontiert den Schöpfergott des Judentums mit dem Gott Jesu und behauptet, dass sie nichts miteinander zu tun haben. Damit hat er den Grundstein gelegt für eine hartnäckige und gefährliche Tradition.
88 Ebd. S. 6.
89 Ebd. (Hervorhebung von mir, J.W.)
90 Ebd. S. 7.
91 Am Ende des 18. Jahrhunderts hat das Wort „erbauen" die Bedeutung von „zufrieden stellen", „befriedigen" und „anregen" angenommen. Goethe hat das Wort auch öfter in seinen Briefen an Schiller benutzt: „Wir sind von der Sache wenig erbaut", „dein betragen erbaut mich eben nicht". Aber zu dieser Zeit gab es auch eine religiöse Bedeutung des Wortes, in dem Sinne „fromme Gedanken erwecken", „das Gemüt erheben". Besonders von den Predigten hat man zu dieser Zeit eine gewisse „Erbaulichkeit" erwartet. (Nach dem Muster des französischen *édifier*.) Vgl. Jacob Grimm und

tet, dass das Christentum die Philosophie nicht verbannt, sondern in ein religiöses System integriert hat. Durch diese Integration hat das Christentum etwas geleistet, was die klassische Philosophie des Altertums nicht leisten konnte. Sie hat „die Philosophie aus den unfruchtbaren Gegenden der Spekulation [herabgezogen], und in die wirkliche Welt [eingeführt]".[92] Das moralische Gesetz ist ein Gesetz der Vernunft, das hat auch schon Mendelssohn so gesehen.[93] Er begründet das dadurch, dass die Grundsätze der Moral mit „geometrischer Strenge" bewiesen werden können. Diese Meinung führt Mendelssohn auf Marcus Aurelius zurück, der in seiner *Selbstbetrachtung* schreibt: „Wenn wir das Denkvermögen miteinander gemeinsam haben, so ist auch die Vernunft gemeinsam, durch die wir vernünftig sind; ist dies der Fall, so haben wir auch die innere Stimme gemein, die uns vorschreibt, was wir tun sollen und was nicht; wenn aber dies, dann auch ein gemeinsames Gesetz [...]."[94] Diese Theorie korrigiert grundsätzlich das frühe Verständnis der Aufklärung. Die Aufklärung ist nicht gegen die Religion gerichtet, sondern entfaltet sich selbst durch die Religion, besser gesagt, durch eine religiöse Transformation des Moralgesetzes. Die Vernunft hat also durch die Religion zur „sittlichen Bildung" der Menschheit beigetragen. Angesichts dieser Konstruktion würde man dann den Einwand formulieren, dass hier die esoterischen und die exoterischen Momente gar nicht synthetisiert sind. Oder anders formuliert, die Aufklärung bedeutet gar nicht, dass die esoterische Vernunft jetzt exoterisch gemacht werden sollte. Esoterik und Exoterik laufen jetzt parallel, sie bilden keine unmittelbare Einheit, sondern ergänzen sich; das Christentum hat so den großen Vorteil, alle Schichten ansprechen zu können. Reinhold nimmt jetzt eine theologische Transformation der kantischen Philosophie vor, sein besonderes Interesse galt nämlich der Frage, wie die kantischen Begriffe zu einer Deutung des Christentums beitragen können? Dabei werden die Begriffe, wie „Sinnlichkeit", „Verstand" und „Vernunft" entschieden umgedeutet: Vernunft bedeutet nicht das höchste Erkenntnisvermögen, sondern ist jetzt der Bestimmungsgrund des moralischen Gesetzes, Verstand und Sinnlichkeit sind zwei Instanzen, durch die diese Gesetze in die Religion transformiert werden können.[95] – Die christli-

---

Wilhelm Grimm, *Deutsches Wörterbuch*, Bd. III, Verlag von S. Hirzel, Leipzig 1862, Sp. 706.

92 Carl Leonhard Reinhold, Briefe über die kantische Philosophie, III. Teil, a.a.O., S. 8. – Reinhold hat also in diesem Zusammenhang die „Erbauung" so bestimmt, dass sie das allgemeine Ziel der gesamten Philosophie sein soll, dagegen wird Hegel in seiner Vorrede zur *Phänomenologie des Geistes* heftig protestieren. Vgl. ders., *Werke*, Bd. 3, a.a.O., S. 16-17.

93 Moses Mendelssohn, Abhandlung über die Evidenz in metaphysischen Wissenschaften, a.a.O., S. 155.

94 Vgl. Marcus Aurelius, *Selbstbetrachtungen*, übersetzt von Otto Kiefer, Insel Verlag, Frankfurt am Main 2008, 4. Buch, S. 51.

95 Es wird sich eine gewisse Rezeptionsgeschichte dieser Konstruktion entfalten: Die versinnlichte Vernunft (oder die kultische Seite der Religion) wird später als Mytho-

che Religion ist aber bald in eine Krise geraten. „Während der Zeit, als die eine und wissenschaftliche Kultur der Vernunft mit dem Römischen Reiche verfiel, und unter dem Schutte desselben von Despoten und Barbaren vergraben wurde, errang sich diese Ausgeburt der Unwissenheit und des Stolzes diejenige Übermacht über den menschlichen Geist, durch welche es ihr in Kurzem eben so leicht wurde, denkenden Köpfen Vorurteile des Pöbels, als dem gemeinen Manne unverständliche Sätze einer verdorbenen Schulweisheit [...] aufzudringen [und] dieselben an die Stelle der einfachen und gemeinnützigen Lehren des Evangeliums zu setzen [...]."[96] Es scheint vor allem, dass Reinhold zwei Gründe für eine Krise aufführt: (a) Die im christlichen Glauben angelegte Aufklärung ist durch die Vereinigung mit der weltlichen Macht abgebrochen worden. In der weltlichen Macht waren Tendenzen angelegt, die der allgemeinen Aufklärung widersprochen haben, wie *Despotismus* und *Barbarei*. (b) Die Krise hat eine religiöse Grundlage, indem die Versinnlichung der Vernunft und die Erbauung jetzt nicht mehr als einander ergänzende auftreten, sondern unmittelbar aufeinander bezogen werden. Der gelehrte Kopf wird mit den Vorurteilen der Masse überschüttet und der gemeine Kopf wird mit einer unverständlichen Lehre traktiert. Die so entstehende christliche Religion hat man lange Zeit als „Orthodoxie" bezeichnet. „Warum muss ich hier", so fragt Reinhold, „von dem *Undinge* sprechen, welches den Namen des Christentums so lange missbraucht, und den Geist desselben beinahe erstickt hat?"[97] In der Orthodoxie des christlichen Glaubens ist alles für unverstehbar erklärt worden. Aus immanenten Gründen beginnt der Verfall der Vernünftigkeit innerhalb des christlichen Glaubens. Daraus folgt aber, dass der Glaube auch seine moralische Grundlage (die in dem moralischen Gesetz verkörperte Vernunft) verliert. „Die Religion wurde die Sanktion der Unsittlichkeit und ganze Tribunale, hohe Schulen, Nationen beschlossen nun und führten unter dem Vorwand der Religion Untaten aus, von denen man in der Geschichte des Fanatismus vor der Einführung des Christentums kaum ein Beispiel finden wird."[98] Es tritt also wieder eine Krise auf – d. h. Religion und Moral werden wieder voneinander getrennt –, diese ist aber viel-viel tiefer, als diejenige die sich unmittelbar vor der christlichen Zeit ausgebreitet hat.[99] Wir stehen also wieder vor einer Ei-

---

logie bezeichnet und wird als eine echte Religion betrachtet; die mit dem Verstand verknüpfte Religion ist die Erbauung, deren Kritik auch schon in dieser Konstruktion impliziert ist, weil es ein höheres Erkenntnisvermögen gibt. Erbauung hat schon Ende des 18. Jahrhunderts einen pejorativen Beigeschmack gehabt. Vgl. Jacob Grimm und Wilhelm Grimm, *Deutsches Wörterbuch*, Bd. III, a.a.O., Sp. 706.

96 Carl Leonhard Reinhold, Briefe über die kantische Philosophie, III. Teil, a.a.O., S. 8-9.
97 Ebd. S. 9. (Hervorhebung von mir, J.W.) – Es ist gut zu spüren, dass Reinhold von diesem Thema persönlich tief betroffen ist; das mag eben die Krise sein, vor der er geflüchtet ist, aus Wien nach Weimar und aus der Theologie in die Philosophie.
98 Ebd. S. 10.
99 „Die Menschheit war nun weit schlimmer daran, als sie es bei der vorigen Trennung zwischen Religion und Moral gewesen war." Ebd. S. 9.

nigung von Moral und Religion. Nun kann man aber dem Muster, das Jesus seinerzeit verwendet hat, nicht mehr folgen. Jesus hat eine Situation vorgefunden, in der die Religion ausgetrocknet war, weil sie ihre moralischen Quellen verloren hat. Unsere heutige Krise ist aber eben deswegen viel tiefer, weil jetzt sowohl die Religion als auch die Moral durch Verfallstendenzen heimgesucht sind. Näher betrachtet können wir aber feststellen, dass sich die Moral inzwischen zu erholen begonnen hat. „Die Vernunft fing an sich mit der Wiederauflebung der Wissenschaften zu erholen [...]."[100] Die Entfaltung der Wissenschaften führte langsam zur Wiederbelebung der Moral; die Denker fanden die Moral „in den Schriften der Alten und in ihrer eigenen Vernunft wieder auf".[101] Diese Entdeckung war aber mit der Annahme verknüpft, dass man keine Religion brauche. Wenn man davon ausgeht, scheinen sich die Situation Jesu und die heutige Situation spiegelbildlich zueinander zu verhalten. Jesus musste die Moral herstellen, der heutige Denker die Religion. „Die Philosophie [soll nun] nach ihrer Art an der Religion tun, was das Christentum nach der seinigen an der Moral getan hat [...]."[102] Dieses Programm hat Kant vollzogen; er wird also zu einem Protagonisten der Religionsgeschichte. So ganz verkehrt ist es also nicht, wenn Baggesen im Sinne dieser Analyse Kant als „*Messias den Zweiten*" bezeichnet hat.[103]

\* \* \*

Kant hat am Ende seines Aufsatzes *Über den Gebrauch theologischer Prinzipien in der Philosophie* geschrieben: „Das Talent einer lichtvollen [...] Darstellung trockener abgezogener Lehren [...] ist so selten [...], dass ich mich verbunden halte, demjenigen Manne, der meine Arbeiten [...] auf solche Weise ergänzte, meinen Dank öffentlich abzustatten."[104] In einem früheren Brief schreibt er an Reinhold über „die genaue Übereinkunft Ihrer Ideen mit den meinigen".[105] Kant war sich anscheinend auch nicht sicher, ob er von einer Ergänzung oder von einer Übereinstimmung sprechen soll. Die Frage kann deswegen so schwer entschieden werden, weil die ganze Analyse sich im Vorfeld der *Kritik der reinen Vernunft* bewegt. Es geht in der ganzen *Briefreihe* um die Relevanz der kantischen Philosophie, was Reinhold selbst als Bedürfnis der Kritik der Vernunft bezeichnet hat. Und eine solche Relevanz kann erst im Prozess der Aufklärung dargestellt werden. Aufklärung bedeutet für Reinhold – anders als in seinen frühen Aufsät-

---

100 Ebd. S. 10.
101 Ebd.
102 Ebd. S. 13.
103 Karl August Varnhagen von Ense, *Denkwürdigkeiten des Philosophen und Arztes Johann Benjamin Erhard*, in der Cotta'schen Buchhandlung, Stuttgart und Tübingen 1830, S. 354.
104 Immanuel Kant, Über den Gebrauch theologischer Prinzipien in der Philosophie, in: *Der Teutsche Merkur*, Februar 1788, S. 134.
105 Carl Leonhard Reinhold, *Korrespondenz 1773-1788*, a.a.O., S. 298.

zen – die Herstellung der Einheit zwischen Religion und Moral. Durch diese Perspektive wird die Rolle Kants in der Ideengeschichte „messianisiert". In einem nächsten Schritt versucht sich Reinhold davon abzuwenden; er hält zwar an der revolutionären Leistung Kants fest, er will aber diese Messianisierung aufgeben. Das ist gar nicht so leicht, wenn man nicht mehr eine allgemeine Ideengeschichte vor Augen hat, sondern der Untersuchung einen philosophischen Charakter geben will. Den Titel des kantischen Aufsatzes kann man folgendermaßen variieren: *Über den Gebrauch philosophischer Prinzipien in der Theologie.*

# Zweite Vorlesung

# Zur Deutung einer Aufsatzreihe von Carl Leonhard Reinhold

Der Höhepunkt des philosophischen Schaffens von Carl Leonhard Reinhold kann auf die erste Hälfte 1789 gesetzt werden. Reinhold ist in dieser Zeit zweiunddreißig Jahre alt, und seit zwei Jahren hat er eine Professur an der Universität Jena. Sein Hauptwerk *Versuch einer neuen Theorie des menschlichen Vorstellungsvermögens* erscheint in den Sommermonaten dieses Jahres. In den *Gothaischen Gelehrten Zeitungen* ist das Buch am 3. Juni angezeigt worden, am 10. Juni schreibt Reinhold am Ende eines Aufsatzes, dass das Buch „in einigen Wochen" die Presse verlassen" wird.[106] Es ist mit großer Wahrscheinlichkeit zu behaupten, dass das Werk noch im Juni dieses Jahres erschienen ist.[107] (Die Vorrede war übrigens auf den 8. April 1789 datiert.) Die zeitgenössische Rezeption versteht das Werk vor allem als eine gewisse Kant-Auslegung. Die erste Rezension – die in der *Allgemeinen Literatur-Zeitung* am 19. November erschienen ist – hat August Wilhelm Rehberg geschrieben. Er beginnt die Besprechung, wie folgt: „Es ist nicht zu leugnen, dass die Dunkelheit und Verwirrung, die in bisherigen philosophischen Systemen in Ansehung der Begriffe von Vorstellen, Empfinden, Denken und Erkennen so sichtbar ist, an dem Missverstehen der *Kritik der reinen Vernunft* einen merklichen Anteil hatte."[108] Reinholds Leistung besteht vor allem in Begriffserläuterungen, die die Rezeption der *Kritik der reinen Vernunft* erleichtern sollen. Es wird also schon vorausgesetzt, dass ein „großes" philosophisches Werk erschienen ist, dessen Verstehen aber nicht nur dem breiteren Publikum, sondern auch den Philosophen (den „Wahrheitssuchern" oder „Selbstdenkern", wie man es in dieser Zeit gesagt hat) große Schwierigkeiten bereitet. Charlotte Gräfin von Schimmelmann schreibt in einem Brief: „Ich gestehe Ihnen, dass ich weit entfernt bin, diesen Apostel der Wahrheit ganz zu verstehen und ihm ganz zu folgen; doch leuchtet diese Fackel der Wahrheit nicht ganz umsonst für mich – ich ahnde in der Ferne das himmlische Feuer, und werde mich zu nähern suchen […]."[109] Eine ähnliche Einstellung drückt auch Friedrich Gottlob Born aus im *Neuen Philosophischen Magazin*: „So mannigfaltig und verschieden

---

106 Vgl. Carl Leonhard Reinhold, Wie ist Reformation der Philosophie möglich, III. Teil, in: *Neues Deutsches Museum*, Bd. 1, S. 304.
107 Vgl. Faustino Fabbinelli (Hg.), *Die zeitgenössischen Rezensionen der Elementarphilosophie Karl Leonhard Reinholds*, Olms Verlag, Hildesheim/Zürich/New York 2003, S. 11.
108 Ebd. S. 1.
109 Karl August Varnhagen von Ense, *Denkwürdigkeiten des Philosophen und Arztes Johann Benjamin Erhard*, a.a.O., S. 359-360.

die Vorwürfe sind, die man bisher dem kantischen Systeme gemacht hat, so laufen sie doch fast alle am Ende auf eine einzige Beschwerde hinaus, auf die Klage über die Dunkelheit und Unverständlichkeit desselben."[110] Zur Entstehung dieses Kontextes hat auch Reinhold erheblich beigetragen mit seinen 1786 erschienen *Briefen über die kantische Philosophie*: Man weiß noch nicht so richtig, was Kant sagt, aber man weiß schon, dass seine Philosophie als einen Meilenstein in der Philosophiegeschichte, oder vielmehr in der Menschheitsgeschichte anzusehen ist. Es ist also kaum wunderlich, dass auch das neue Buch von Reinhold (*Versuch einer neuen Theorie des menschlichen Vorstellungsvermögens*) zunächst in diesen Kontext gestellt wird. Ich möchte nicht direkt auf dieses Werk eingehen, sondern die Aufmerksamkeit auf die parallelen Veröffentlichungen lenken. Reinhold hat in der ersten Jahreshälfte 1789 folgende Zeitschriftenartikel veröffentlicht: 1) „Wie ist Reformation der Philosophie möglich?" (*Neues Deutsches Museum*); 2) „Über das bisherige Schicksal der kantischen Philosophie" (*Der Teutsche Merkur*); 3) „Von welchem Skeptizismus lässt sich eine Reformation der Philosophie hoffen?" (*Berlinische Monatsschrift*); 4) „Allgemeiner Gesichtspunkt einer bevorstehenden Reformation der Philosophie" (*Der Teutsche Merkur*). – Alle Artikel schließen sich dem Buch an: Reinhold übernimmt längere Passagen, dann schiebt er einen Text aus den *Briefen über die kantische Philosophie* ein und lenkt manchmal die Argumentation doch in eine ganz neue Richtung. Was zunächst auffällt, ist der Terminus der „Reformation", der fast in allen Titeln vorkommt. In den *Briefen über die kantische Philosophie* wird noch der Bezugsrahmen der Analyse durch die „Aufklärung" bestimmt. Reinhold versucht eigentlich den Beitrag der kantischen Philosophie zur Aufklärung darzustellen. Die Reformation ist aber nicht bloß ein anderes Wort für Aufklärung, sondern eröffnet eine gewisse Zweideutigkeit: Die Reformation kann sowohl auf das kantische System als auch auf Reinholds eigenen Versuch bezogen sein.[111]

\* \* \*

Der zeitgenössische Rezeptionskontext der *Theorie des Vorstellungsvermögens* kann schwer beurteilt werden. Die damalige Zeitschriftenveröffentlichungen Reinholds können aber dazu einen wichtigen Hinweis geben. Die große Zahl der begleitenden Veröffentlichungen ist wahrscheinlich darauf zurückzuführen, dass Reinhold geahnt hat, dass sein fast 600-seitiges Buch eine große Herausforderung

---

110 Friedrich Gottlob Born, Prüfung der Klagen über die Dunkelheit der kantischen Philosophie, in: *Neues Philosophisches Magazin*, Bd. I, 1790. S. 1.

111 Wie es auch sein mag, Reinhold wendet sich damit ab von dem Gerede über Kant als *Messias*; wie schon erwähnt, hat Jens Immanuel Baggesen – ein Lieblingsschüler Reinholds – ihn als „Messias den Zweiten" bezeichnet. Vgl. Karl August Varnhagen von Ense, *Denkwürdigkeiten des Philosophen und Arztes Johann Benjamin Erhard*, a.a.O., S. 354.

für seine Leser bedeuten wird. Wir wissen aus einigen kulturgeschichtlichen Forschungen, dass sich in dieser Zeit die Lesegewohnheiten verändert haben. „Das Viellesen wird am Ende des 18. Jahrhunderts in den bürgerlichen und kleinbürgerlichen Kreisen fast epidemisch. Pädagogen und Kulturkritiker beginnen darüber zu klagen."[112] Das Viellesen ist mit dem Schnelllesen verbunden; Fichte hat sich in einem Brief an Reinhold beschwert, dass sich die Leute nicht mehr für Bücher, sondern immer mehr nur für Zeitschriften interessieren. Reinhold wollte mit den Zeitschriftenveröffentlichungen – mit großer Wahrscheinlichkeit – die Rezeption seiner *Theorie des Vorstellungsvermögens* lenken. Aus diesen Veröffentlichungen ist vor allem die Aufsatzreihe *Wie ist Reformation der Philosophie möglich?* – die ab Anfang des Jahres in drei Teilen im *Neuen Deutschen Museum* erschienen ist – hervorzuheben. Reinhold suggeriert jetzt, dass sein Werk in der Leitfrage, *Wie ist Reformation der Philosophie möglich?* interpretiert werden kann. Die zeitgenössischen Leser haben darin wahrscheinlich nur einen Hinweis auf die kantische Philosophie gesehen, unter der Voraussetzung, dass die kantische *kopernikanische Wendung* jetzt durch den Ausdruck „Reformation" ersetzt wird. Die zeitgenössischen Leser – wenigstens diejenigen, die sich von der kantischen Philosophie überzeugen ließen – haben es angenommen, dass Kant die kopernikanische Wendung beschrieben und vollzogen hat, Reinholds Fragestellung richtet sich dann nur noch darauf, wie eine solche Wendung *überhaupt* möglich ist oder war. Reinhold bezeichnet in seinem zwei Jahre später erschienenem Buch, *Beiträge zur Berichtigung bisheriger Missverständnisse der Philosophen*, Kant als den *Reformator* der Philosophie. „Ich habe ebenso wenig die Neigung als das Vermögen, mir auch nur ein Blatt aus dem unverwelklichen Kranze zuzueignen, den die *Nachwelt, den Reformator der Philosophie* zuerkennen wird."[113] In diesem Werk fasst Reinhold die Verdienste der kantischen Philosophie wie folgt zusammen: (a) Die *Kritik der reinen Vernunft* ist das größte unter den bisher entstandenen Meisterwerken der Philosophie; (b) sie ermöglicht alle Zweifel des Kopfes und des Herzens (so sieht es Reinhold) zu beantworten; (c) sie ermöglicht die Auflösung der größten Probleme, die durch die Erschütterungen der Wissenschaften entstanden sind.[114] Die Aufgabe in diesem Zusammenhang besteht darin, die schon vollzogene Reformation der Philosophie zu verbreiten. (Darauf weist auch sowohl die äußerst große Höflichkeit des zitierten Satzes als auch der pathetisch-feierliche Ton hin.) Wenn wir diese Einsicht in einer allgemeinen Form aussprechen, können wir behaupten, dass es *nach Kant* keine an-

---

112 Rüdiger Safranski, *Romantik. Eine deutsche Affäre*, Hanser Verlag, München 2007, S. 48.
113 Carl Leonhard Reinhold, *Beiträge zur Berichtigung bisheriger Missverständnisse der Philosophen*, hg. von Faustino Fabinelli, Felix Meiner Verlag, Hamburg 2003, S. 183.
114 Ebd. – Das ist ein Selbstzitat von Reinhold, aus den *Briefen über die kantische Philosophie*, erster Brief.

dere Aufgabe mehr gibt, als die kritische Philosophie zu verbreiten, oder wenigstens dazu beizutragen. (Es ist in der Forschungsliteratur bisher kaum berücksichtigt worden, dass Reinhold seine Sozialisierung im Jesuitenorden erlebt hat, wo die Missionstätigkeit immer eine wichtige Rolle gespielt hat.) Man muss also nicht nur die Philosophen und die Gebildeten, sondern auch die einfachen, ungebildeten Leute zu überzeugen und aufzuklären versuchen über die „erlösende Kraft" der kantischen Philosophie. Eine solche Interpretation Reinholds, die übrigens ansatzweise immer noch präsent ist in der spärlichen Forschungsliteratur, kann kaum gerechtfertigt werden. Das können wir ansatzweise auch schon vom Titel ablesen. Der Titel der Aufsatzreihe weist darauf hin, dass in der Geschichte der Philosophie ebenso als einst in der Religionsgeschichte eine allgemeine *Reformation* „nötig" ist. Die „Reformation" hat seit der Bewegung von Luther und Calvin notwendigerweise eine religiöse Bedeutung, sie kann aber auch in einem allgemeineren Sinne verstanden werden, als Umgestaltung, Neugestaltung, revolutionäre Veränderung. Es muss zunächst festgestellt werden, dass an einigen Stellen Kant selbst sein eigenes Programm als ein revolutionäres Unterfangen beschreibt: „In jenem Versuche, das bisherige Verfahren der Metaphysik umzuändern, und dadurch […] eine *gänzliche Revolution* mit derselben vornehmen, besteht nun das Geschäft dieser Kritik der reinen spekulativen Vernunft."[115] Reinhold spielt mit einer Zweideutigkeit: *einerseits* behauptet er, dass die Reformation der Philosophie von Kant ausgearbeitet und vollzogen wurde, *andererseits* suggeriert er aber, dass die Reformation als sein eigenes Programm anzusehen ist. Mit dieser Zweideutigkeit war die zeitgenössische Rezeption wahrscheinlich kaum zu lenken.

\* \* \*

Eine textnahe Interpretation der genannten Aufsatzreihe bestätigt die geschilderte Zweideutigkeit. Die inhaltliche Bedeutung des Wortes „Reformation" wird in den ersten beiden Paragrafen der Aufsatzreihe wie folgt bestimmt. „Die Philosophie hat bisher weder allgemeingeltende *Erkenntnisgründe* für die Grundwahrheiten der *Religion* und der *Moralität*, noch allgemeingeltende *erste Grundsätze der Moral* und des Naturrechts aufgestellt."[116] Wenn wir zur Interpretation auch die *Theorie des Vorstellungsvermögens* aufschlagen, werden wir mit Überraschung feststellen, dass auch sie mit eben diesen Zeilen beginnt. In der Aufsatzreihe schließt sich dem ersten Paragrafen eine Anmerkung an: „Die hier vorgetragene Tatsache ist im Teutschen Merkur Juni und Juli dieses Jahres umständlich be-

---

115 Immanuel Kant, *Kritik der reinen Vernunft*, hg. von Jens Timmermann, B XXII., Felix Meiner Verlag, Hamburg 1998, S. 25, (Hervorhebung von mir, J.W.)
116 Carl Leonhard Reinhold, Wie ist Reformation der Philosophie möglich?, I. Teil, in: *Neues Deutsches Museum* 1789, S. 31.

leuchtet."[117] Aber man sollte berücksichtigen, dass wir jetzt noch am Anfang des Jahres sind, der Hinweis auf eine Juni/Juli-Nummer einer Zeitschrift ist eine Vorankündigung; der Leser muss noch einige Monate warten, bis er über die Bedeutung der genannten Begriffe, die zur Beschreibung dieser Tatsache nötig sind, eine ausführliche Aufklärung bekommen wird. (Wenn wir jetzt die erwähnte Nummer *Des Teutschen Merkurs* aufblättern, werden wir auf eine Studie treffen, die den Titel trägt: *Allgemeiner Gesichtspunkt einer bevorstehenden Reformation der Philosophie* und wortwörtlich übereinstimmt mit den Ausführungen, die wir in der *Theorie des Vorstellungsvermögens* – klein gedruckt – nach dem oben genannten Zitat lesen können.) Weil sich Reinhold in der Aufsatzreihe im *Neuen Deutschen Museum* nicht mit einer ausführlichen Beschreibung der Reformation beschäftigen will, bleiben auch allerlei Erklärungen aus. Er geht einfach zum zweiten Paragrafen über: „Es lässt sich daher mit Grund vermuten, dass diesem Mangel des *Allgemeingeltenden*, Mangel des *Allgemeingültigen* zum Grund liege, und diese Vermutung führt auf den Zweifel: ob die Philosophie solche allgemeingültige *Erkenntnisgründe* und *Grundsätze* auch wirklich aufstellen vermöge."[118] In der Anmerkung zu diesem Paragrafen sagt Reinhold, dass dieser Zweifel notwendig sei, und als solcher zu der Reformation der Philosophie gehört.[119] (Es ist merkwürdig, dass Reinhold in der Aufsatzreihe überhaupt nicht die Gebiete behandelt, die er im einleitenden Paragrafen noch erwähnt hat; die *Theorie des Vorstellungsvermögens* und die Studie *Allgemeiner Gesichtspunkt einer bevorstehenden Reformation der Philosophie* behandeln aber ausführlich diese Gebiete. Das könnte man auch so verstehen, dass Reinhold jetzt diese Gebiete zusammenzieht, und die Erkenntnisgründe und die ersten Grundsätze im Begriff des „Prinzips" zusammenfassen will, was bedeuten würde, dass er sich jetzt der Konzeption eines einheitlichen Grundsatzes zuwendet.) – Die behandelten zwei Paragrafen erwähnen zahlreiche Gebiete (die Religion, die Moralität, die Moral und das Naturrecht) und arbeiten mit zwei entscheidenden Begriffen, mit „allgemeingeltende" und „allgemeingültig". Die *Theorie des Vorstellungsvermögens* behandelt in erster Linie die genannten Sphären und ordnet denen die beiden wichtigen Begriffe unter; die Begriffe fügen sich so in die Darstellung der *Theorie des Vorstellungsvermögens* einfach ein. Die Perspektive der Aufsatzreihe ist aber durch ein transzendental-methodologisches Interesse geprägt, woraus folgt, dass die Begriffe in den Vordergrund drängen, obwohl ihre ausführliche Bestimmung – seltsamerweise – ausfällt. Aufgrund einer Berücksichtigung des Buches über das *Vorstellungsvermögen* müssen wir die Bedeutung der beiden Begriffe doch zu erläutern versuchen. (1) Wir können von etwas behaupten, dass

---

117 Ebd.
118 Ebd. S. 32.
119 „Die Unentbehrlichkeit dieses Zweifels zur Reformation der Philosophie und der Unterschied desselben von dem dogmatischen und unphilosophischen Zweifel sind in der *Berliner Monatsschrift* Juli behandelt." Ebd. S. 32.

es „allgemeingeltend" ist, wenn es von allen akzeptiert wird, wenn es breite Anerkennung genießt, wenn es Gegenstand eines Konsenses ist. (2) Der Begriff „allgemeingültig" bezeichnet hingegen die strengen und unbezweifelbaren Wahrheiten, die von sich aus als evident erscheinen und als solche wahrgenommen werden können.[120] – Aufgrund der ersten beiden Paragrafen können wir jetzt die folgende These aufstellen: In der zeitgenössischen Philosophie herrscht ein gewisses Chaos, weil es noch nicht gelungen ist, die allgemeingültigen Erkenntnisgründe und Grundsätze festzustellen. Man könnte versucht sein, die Bestimmung der allgemeingültigen Erkenntnisgründe und Grundsätze als das Programm einer *Reformation* der Philosophie aufzufassen. Die Zweideutigkeit scheint sich zunächst reproduziert zu haben: Die Suche nach „allgemeingültigen" Prinzipien kann der kantischen Philosophie zugeschrieben werden, das Streben nach einem allgemeingeltenden Charakter dieser Prinzipien gehört zu einer Reformation, die noch zu verwirklichen wäre.

\* \* \*

Bei einer gründlicheren Lektüre fällt aber auf, dass Reinhold sich mit der Konstellation der beiden Begriffe – zwar sehr vorsichtig – von der kantischen Konzeption distanzieren möchte. Das bedeutet, dass die *Reformation* breiter, aber auch tief greifender sein soll, als das die kantische Philosophie impliziert hat. Die ersten beiden Paragrafen widersetzen sich eindeutig der Hypothese, dass die allgemeingültige Philosophie schon als gegeben angesehen werden könnte. Diese Paragrafen können – m. E. – so ausgelegt werden, dass von der Tatsache, dass auch die kantische Philosophie eine heftige Diskussion ausgelöst hat, folgt, dass auch sie mit schwerwiegenden Problemen beladen ist. Den Ausgangspunkt zu einer solchen Auslegung bietet der Auftakt der Vorrede zur zweiten Auflage der *Kritik der reinen Vernunft* an: „Ob die Bearbeitung der Erkenntnisse, die zum Vernunftgeschäfte gehören, den sicheren Gang einer Wissenschaft gehe oder nicht, das lässt sich bald aus dem *Erfolg* beurteilen. Wenn sie nach viel gemachten Anstalten und Zurüstungen, sobald es zum Zweck kommt, in Stecken gerät, oder, um diesen zu erreichen, öfters wieder zurückgehend und einen anderen Weg einschlagen muss; imgleichen wenn es nicht möglich ist, die verschiedenen Mitarbeiter in der Art, wie die gemeinschaftliche Absicht erfolgt werden soll, einhellig zu machen, so kann man *immer* überzeugt sein, dass ein solches Studium bei Weitem *noch nicht den sicheren Gang einer Wissenschaft* eingeschlagen, sondern ein bloßes *Herumtappen* sei […]."[121] Das, was Kant unter „verschiedenen

---

120 Carl Leonhard Reinhold, Allgemeiner Gesichtspunkt einer bevorstehenden Reformation der Philosophie, in: *Der Teutscher Merkur*, 1789. Bd. 2, 243-244.
121 Immanuel Kant, *Kritik der reinen Vernunft*, B VII, a.a.O., S. 15. (Alle Hervorhebungen von mir.) Den Begriff des „Herumtappens" hat auch Reinhold benutzt, und hat daran einen der Wissenschaftlichkeit widersprechenden Umstand verstanden.

Mitarbeiter" versteht, ersetzt Reinhold durch die gesamte Rezeption der kantischen Philosophie. Wenn man diese Transformation akzeptiert, dann entsteht der Eindruck, dass Kant selbst der Meinung war, dass die genannten Probleme, die in der Rezeption zum Vorschein gekommen sind, darauf hindeuten, dass wir noch nicht die Stufe der Wissenschaftlichkeit erreicht haben.[122] So wird es immer eindeutiger, dass man *noch nicht* behaupten kann, dass die kantische Philosophie *an sich* schon wissenschaftlich wäre, und nur noch die Rezeption mit einigen Problemen kämpfen muss.[123] Den Diskussionskontext der kantischen Philosophie hat Reinhold als eine Situation gedeutet, in der er selber immer mehr die Rolle eines Reformators übernehmen kann. Darauf scheint auch der Titel eines Aufsatzes *Allgemeiner Gesichtspunkt einer bevorstehenden Reformation der Philosophie* hinzudeuten. – Jetzt möchte ich die These aussprechen, dass die Aufsatzreihe im *Neuen Deutschen Museum* eine programmatische Selbstinterpretation ist: Es wird in erster Linie nicht das kantische Konzept, sondern die eigene Theorie in einem progressiv-reflexiven Sinne vorgetragen. Das geschieht aber auch aus *zwei* unterschiedlichen Interpretationsperspektiven, die erste ist auf die *Theorie des Vorstellungsvermögens* bezogen (was nach der Sensibilisierung für die Rezeption sehr verständlich ist), die zweite weist auf einen viel breiteren Kontext hin, auf eine allgemeine Theorie der philosophischen Reformation.[124]

---

Vgl. Carl Leonhard Reinhold, Wie ist Reformation der Philosophie möglich?, I. Teil, S. 35.

122  Das Problem könnte man auch so formulieren, dass das „Herumtappen" zwei Dimensionen hat, einerseits das nach „Vorne Rennen" und andererseits das „In Stocken-Geraten". Reinhold nimmt an, dass beide eng zusammenhängen.

*123*  Zwei Jahre später formuliert Reinhold schon so: „Jeder bisherigen Philosophie, selbst die *kantische,* wenn man sie als *Wissenschaft* betrachtet, nicht ausgenommen, fehlt es an nichts Geringerem, als an einem *Fundamente*. Diese meine Überzeugung ist kein bloßes Meinen, sondern eigentliches, lange und vielfältig geprüftes Wissen." Carl Leonhard Reinhold, *Über das Fundament des philosophischen Wissens / Über die Möglichkeit der Philosophie als strenge Wissenschaft*, hg. von Wolfgang H. Schrader, Felix Meiner Verlag, Hamburg 1978, S. 3.

124  Die innere Struktur der aus drei Teilen bestehenden Aufsatzreihe scheint sehr konfus zu sein. Der erste Teil besteht aus Paragrafen, die ersten beiden Paragrafen sind ziemlich kurz, der dritte ist wesentlich länger und der vierte noch länger. Der zweite Teil ist eine Abhandlung über eine einzige Frage: was muss man unter *Vernunft* verstehen? Vor der als Titel formulierten Frage steht die Nummer 1. Der dritte Teil besteht aus zwei Abhandlungen, die auf zwei Fragen antworten: was ist unter Sinnlichkeit und was unter Erkenntnisvermögen zu verstehen? Die erste Frage steht unter der Nummer 3, die letzte unter der Nummer 4; so fehlt ganz das zweite Kapitel. Ich werde im Folgenden von der Hypothese ausgehen, dass die zweierlei Gliederung (die Aufteilung auf Paragrafen und die Aufteilung auf Kapitel) die wichtigste Trennlinie innerhalb der Aufsatzreihe markiert. In den ersten Teil gehört die Bestimmung des allgemeinen Begriffes der Reformation, in den zweiten Teil die Untersuchung der Verwissenschaftlichung der Philosophie.

## 1. Die Reformation als Programm der Theorie des Vorstellungsvermögens

Es ist als wahrscheinlich zu betrachten, dass die *Theorie des Vorstellungsvermögens* und die schon erwähnte Nummer des *Teutschen Merkurs* ungefähr zur gleichen Zeit erschienen sind. Hinsichtlich der ganz gleichen Texte überraschen uns vor allem die unterschiedlichen Titel. Der Titel des ersten Teiles des Buches ist: *Über das Bedürfnis einer neuen Untersuchung des menschlichen Vorstellungsvermögens*, der Titel der Zeitschriftenstudie ist: *Allgemeiner Gesichtspunkt einer Reformation der Philosophie*. Wenn man die beiden Titel mit einer gewissen Vorsicht aufeinander zu beziehen versucht, kommt man zu dem Ergebnis, dass der Vollzug der philosophischen Reformation letztendlich *identisch* ist mit der Ausarbeitung einer neuen Theorie des Vorstellungsvermögens. Die Reformation der Philosophie würde so zusammenfallen mit dem allgemeinen Programm des Buches. Reinholds Fragestellung richtet sich aber jetzt nicht darauf, *was* die Reformation der Philosophie bedeutet, sondern eher darauf, *wie eine Reformation möglich sei*. Deswegen will er nicht die Analysen der *Theorie des Vorstellungsvermögens* zusammenfassen, sondern nur deren Programm skizzieren. Er will den Weg skizzieren, den dieses Buch in die Richtung der allgemeingültigen Prinzipien ausgebaut hat. Die Stationen dieses Weges werden durch verschiedene Begriffe des Erkenntnisvermögens bestimmt. Der Aufbau der *Theorie des Vorstellungsvermögens* legt es nahe, dass Reinhold (ebenso wie Kant) drei Stufen des Erkenntnisvermögens voneinander unterscheidet, nämlich die Sinnlichkeit, den Verstand und die Vernunft. In der Aufsatzreihe hingegen, die im *Neuen Deutschen Museum* erschienen ist, ordnet Reinhold den Verstand unter die Vernunft, wodurch eine zweipolige Konstruktion entsteht, auf deren einer Seite die Vernunft auf der andren die Sinnlichkeit steht.

In der Philosophie ist die Vernunft das höchste Erkenntnisvermögen.[125] Diesbezüglich herrscht sogar ein Konsens: „Die Vernunft wird meines Wissens von allen bisherigen Philosophen zum Erkenntnisvermögen gezählt."[126] Das bedeutet aber noch nicht, dass man auch bei der inhaltlichen Bestimmung der Vernunft auf einen solchen Konsens stoßen würde. („Man ist in der philosophischen Welt keineswegs darüber einig, was man unter Vernunft zu verstehen habe.")[127] Die Vernunft bedeutet im engsten Sinne des Wortes die Fähigkeit des Schließens. „Was

---

[125] „Alle unsere Erkenntnis hebt von den Sinnen an, geht von da zum Verstande, und endigt bei der Vernunft, über welche nichts Höheres in uns angetroffen wird, den Stoff der Anschauung zu bearbeiten und unter die höchste Einheit des Denkens zu bringen." Immanuel Kant, *Kritik der reinen Vernunft*, B 355, a.a.O., S. 409.

[126] Carl Leonhard Reinhold, Wie ist Reformation der Philosophie möglich?, II. Teil, a.a.O., S. 207.

[127] Ebd. – „Dies ließe sich schon aus dem Streit über das Vermögen der Vernunft in den Angelegenheiten der Religion schließen, der sich ohne Mühe auf die Verschiedenheit der Begriffe, welche die streitenden Parteien von der Vernunft haben, zurückführen lässt." Ebd.

ist denn nun aber dieses Vermögen zu schließen? Die Logik gibt uns die kurze und bündige Antwort: Das Vermögen des Gemütes, die Übereinstimmung oder Nichtübereinstimmung zweier Vorstellungen durch Vergleichung derselben mit einer dritten einzusehen."¹²⁸ In diesem Sinne wird der Begriff der Vernunft formalisiert: Die Vernunft wird sich nur noch mit formalisierbaren Wahrheiten, mit den Formen der Schlüsse und mit dem Aufbau der Syllogismen beschäftigen. Schon Kant hat zwischen einer logischen und einer realen Deutung der Vernunft unterschieden; in der letzteren tritt auch der Stoff auf.¹²⁹ Nach Reinholds Überzeugung ist diese Frage für die ganze Theorie der Vernunft von entscheidender Bedeutung: Woher kann die Vernunft die Materie nehmen, und wieso kann sie über die bloß formalen Wahrheiten hinausgehend materielle Wahrheiten formulieren? („Woher nimmt nun die Vernunft den Stoff, den sie zur materiellen Wahrheit ihrer, der Form nach richtigen Funktionen nötig hat, und den sie nicht erschaffen kann?")¹³⁰ Die einfachste Antwort darauf ist: aus der Sinnlichkeit. Aber hier ergibt sich eine weitere Frage, die besonders große Schwierigkeiten bereitet: „Wie kommt die Vernunft zu dem Stoff, den sie zur materiellen Wahrheit derjenigen Schlüsse nötig hat, deren Inhalt Vorstellungen betrifft, die sich auf übersinnliche Gegenstände beziehen."¹³¹ Und dazu gibt Reinhold ein sehr überzeugendes Beispiel: „In der gesamten Sinnenwelt kommt z. B. kein Gegenstand vor. Und kann keiner vorkommen, auf den die Vorstellung der ersten Ursache, oder des unendlichen Dinges passte."¹³² Laut Reinhold beschäftigt sich die Vernunft mit Vorstellungen; die Zusammenbindung der von den Begriffen gedachten Vielheit nennt er „Idee", und die Fähigkeit, die zur Herausbildung von Vorstellungen führt, bezeichnet er als „Vernunft".¹³³ Die Vernunft kann also hinsichtlich des Stoffes auf zweierlei Weise gedeutet werden, in die erste Gruppe gehören *diejenigen* Vorstellungen, deren Stoff aus der sinnlichen Welt stammt, in die zweite Gruppe gehören *diejenigen* Vorstellungen, deren Stoff in der sinnlichen Welt nicht vorfindbar ist. „In der gesamten Sinnenwelt kommt z. B. kein Gegenstand vor, und kann keiner vorkommen, auf den die Vorstellung der ersten Ursache oder des unendlichen Dinges passte."¹³⁴ Oder ein anderes Beispiel: „In allen Erfahrungen, die uns von unserem Gemüte möglich sind, können immer nur Vorstellungen, kann nie das Vorstellende selbst vorkommen, immer nur Wirkungen des vorstellenden Subjekts, nie das Subjekt selbst […]." Wie können sich also

---

128 Ebd. S. 209.
129 Immanuel Kant, *Kritik der reinen Vernunft*, B 355, a.a.O., S. 409.
130 Carl Leonhard Reinhold, Wie ist Reformation der Philosophie möglich?, II. Teil, a.a.O., S. 211.
131 Ebd. S. 212.
132 Ebd.
133 Carl Leonhard Reinhold, *Versuch einer neuen Theorie des menschlichen Vorstellungsvermögens*, Wissenschaftliche Buchgesellschaft, Darmstadt 1963, S. 498.
134 Carl Leonhard Reinhold, Wie ist Reformation der Philosophie möglich?, II. Teil, a.a.O., S. 212.

solche Vernunft-Vorstellungen herausbilden, die aus einem übernatürlichen Stoff bestehen? Oder anders formuliert: Woher können diese Vorstellungen ihren Stoff bekommen? Es gibt Philosophen, die diesen Stoff aus der Offenbarung ableiten. Reinhold argumentiert sehr vorsichtig gegen diese Auffassung, indem er zwei grundsätzliche Argumente verwendet. Eine solche Theorie ist unter den Philosophen gar nicht allgemein anerkannt, und man könnte sie auch nicht als *philosophische*, sondern nur als *religiöse* Theorie bezeichnen. Die Argumentation führt so notwendigerweise zu der folgenden Frage: kann der Vernunft eine *metaphysische Fähigkeit* zugeschrieben werden? („Da das Vermögen zu schließen eigentlich ein bloß logisches Vermögen ist, so wollen wir jenes andere Vermögen durch den Namen des metaphysischen unterscheiden.")[135] Kant spricht neben dem logischen Vermögen der Vernunft auch über ihr transzendentales Vermögen.[136] Reinhold fragt hingegen danach, wie in die Vorstellungen der Vernunft transzendente Stoffe gelangen können; auf diese Frage konnten die Philosophen bis jetzt keine Antwort geben. „So lange über das metaphysische Vermögen der Vernunft nichts allgemeingültiges ausgemacht ist, so lange ist man nur über die Hälfte des Wesens der Vernunft einig, so lange versteht man sich nur halb, wenn von der Vernunft im strengsten Sinne die Rede ist, und die Parteien der philosophischen Welt müssen ihren Streit über die Erkenntnis übersinnlicher Gegenstände fahren lassen, bis sie sich über das metaphysische Vermögen der Vernunft auf einem bisher noch nie betretenen Wege vereiniget haben."[137] Auf diese Frage sind nur zwei grundsätzliche Antworten möglich. Die Rationalisten behaupten, dass die Vernunft den Stoff von nirgendwo bekommen kann, und er deswegen schon ursprünglich gegeben sein muss, das heißt mit uns geboren sein muss; die Empiristen hingegen behaupten, dass das Übersinnliche auf das Sinnliche zurückgeführt werden kann. Diejenigen Argumente, die diese beiden Ansichten unterstützen, sind im Allgemeinen fragwürdig, und können daher nicht zu einem umfangreichen Konsens führen.

Auf dem Gebiet der Analyse der Sinnlichkeit hat die Philosophie große Schulden; die Philosophen haben sich mit der Sinnlichkeit viel weniger beschäftigt, als mit der Vernunft. Die Thematisierungen der Sinnlichkeit haben bisher zwei Richtungen aufgewiesen: (1) Die Materialisten haben alleine die Sinnlichkeit als Quelle der Vorstellungen angesehen, deswegen sehen sie in der Sinnlichkeit den Grund aller Erkenntnisse. Der Verstand und die Vernunft sind selbst Modifikationen der Sinnlichkeit. (2) Die Spiritualisten – trotz der großen inneren Heterogenität – sind sich darin einig, dass die Dinge und Erscheinungen nur durch den Verstand und durch die Vernunft erkannt werden können; die Sinn-

---

135 Ebd. S. 214.
136 Immanuel Kant, *Kritik der reinen Vernunft*, B 356, a.a.O., S. 410.
137 Carl Leonhard Reinhold, Wie ist Reformation der Philosophie möglich? II. Teil, a.a.O., S. 217.

lichkeit kann nicht einmal über das Wesen des Körpers eine Aufklärung geben.[138] Diese beiden einander entgegengesetzten Annäherungen treffen sich am folgenden Punkt: das Gemüt hat nur durch den Organismus teil an der Sinnlichkeit. Der Materialist sieht das Subjekt des Gemüts im organischen Körper, und deswegen bezieht sich das, was er vom Subjekt des Erkenntnisvermögens vorausgesetzt hat, selbst auf das Erkenntnisvermögen. Der Spiritualist hingegen erklärt das Subjekt des Erkenntnisvermögens als körperlos und überträgt die Einfachheit des Subjekts auf das Erkenntnisvermögen.[139] Aus diesen Formulierungen geht schon eindeutig hervor, dass die beiden Richtungen an einem gemeinsamen Fehler leiden: Beide verwechseln das Erkenntnisvermögen mit einer Untersuchung, die auf das Subjekt des Erkenntnisvermögens gerichtet ist. Der große Unterschied ist aber, dass wir uns von dem ersten eine Vorstellung bilden können, vom letzten aber nicht.[140] Der Ausweg wäre eine Untersuchung des Erkenntnisvermögens *an sich*. Damit kann als begründet betrachtet werden, dass die Vernunft immer vor der Sinnlichkeit stehen muss. „Wenn unser Philosophieren kein *Herumtappen* unter Begriffen auf Geratewohl, sondern ein *sicherer, bestimmter Fortschritt des Geistes* sein soll, […] ist […] die Bekanntschaft mit dem Erkenntnisvermögen [notwendig]."[141] (Kant hat – wie schon erwähnt – vom „Herumtappen" gesprochen, später wird Hegel in der *Phänomenologie des Geistes* – in einem positiven Sinne – über die „kalt fortschreitende Notwendigkeit der Sache" sprechen.)[142]

Wenn die Vernunft und die Sinnlichkeit (als die beiden Pole des Erkenntnisvermögens) so unterschiedlich gedeutet werden können, dann ist es unmöglich, durch eine Untersuchung des Erkenntnisvermögens zu einem allgemeingültigen Prinzip zu gelangen. Wir haben aber einen Begriff der allgemeiner und grundsätzlicher ist, als die Fähigkeit zur Erkenntnis, nämlich das Vorstellungsvermögen. In der *Theorie des Vorstellungsvermögens* hat Reinhold die Erkenntnis als ein untergeordneter Spezialfall von Vorstellungsbildung eingeführt. „Das Bewusstsein des Gegenstandes heißt *Erkenntnis* […], inwiefern […] die Vorstellung auf den bestimmten Gegenstand bezogen wird."[143] (Diese Bestimmung ist wortwörtlich auch in Carl Christian Erhard Schmids Kant-Wörterbuch zu finden.) Die begriffliche Spezifikation erklärt Reinhold, wie folgt: „Alles Erkennen ist ein Vorstellen, aber nicht alles Vorstellen ist Erkennen; sondern nur dasjenige, bei welchem die Vorstellung auf den bestimmten Gegenstand *bezogen* wird. Ich sage

---

138 Ebd. S. 285-286.
139 Ebd. S. 289.
140 Ebd. S. 291.
141 Ebd. S. 292. (Hervorhebungen von mir, J.W.)
142 Immanuel Kant, *Kritik der reinen Vernunft*, B VII, a.a.O., S. 15. Georg Wilhelm Friedrich Hegel, *Phänomenologie des Geistes*, a.a.O., S. 16.
143 Carl Leonhard Reinhold, *Versuch einer neuen Theorie des menschlichen Vorstellungsvermögens*, a.a.O., S. 340.

*bezogen wird*, nicht: *sich bezieht.*"¹⁴⁴ Wenn dieser Zusammenhang stichhaltig ist, dann müssen wir noch einen Schritt machen: wir müssen vom Erkenntnisvermögen zum Vorstellungsvermögen kommen. „*Es ist schlechterdings unmöglich, sich über den allgemeingültigen Begriff des Erkenntnisvermögens zu vereinigen, solange man über das Wesen des Vorstellungsvermögens verschieden denkt.*"¹⁴⁵ Durch die Analyse des Vorstellungsvermögens können wir aber schon zu einem allgemeingültigen Prinzip gelangen. „Die Vorstellung ist als Einzige, über dessen Wirklichkeit alle Philosophen einig sind. Wenigstens, wenn es überhaupt etwas gibt, worüber man in der philosophischen Welt einig ist, so ist es die Vorstellung. [...] Wer aber eine Vorstellung zugibt, muss auch ein Vorstellungsvermögen zugeben, das heißt dasjenige, ohne welches sich keine Vorstellung denken lässt."¹⁴⁶ Das Vorstellungsvermögen (als allgemeingültiges Prinzip) kann so als *Grundlage* der von Kant ausgearbeiteten Theorie des Erkenntnisvermögens dienen – so hat wenigstens Reinhold die *Kritik der reinen Vernunft* auszulegen versucht.

## 2. Zu einer allgemeinen Theorie der Reformation

Wie die religiöse Reformation, so auch die philosophische, ist nicht nur an die Eingeweihten, sondern an die ganze Menschheit gerichtet. Reinhold geht eindeutig davon aus, dass die philosophische Reformation beförderlich ist für die Sache der ganzen Menschheit, und dadurch in die Sphäre der Sittlichkeit gehört. „Ich habe gewiss den besseren Teil meiner philosophierenden Zeitgenossen auf meiner Seite, wenn ich das Interesse der Sittlichkeit [...] für den Kompass halte, ohne welchen man sich nicht ungestraft auf den Ozean menschlicher Meinungen beim Studium wagen kann; und wenn ich behaupte, dass Prinzipien, die mit jenem Interesse der Menschheit streiten, weder allgemeingültig sein, noch allgemeingeltend werden können."¹⁴⁷ Das scheint zuerst nur eine negative Bestimmung zu sein: Wenn es sowohl allgemeingültige als auch allgemeingeltende Prinzipien gibt, dann können diese den Interessen der Menschheit nicht entgegenstehen. Nehmen wir an, die wichtigsten Interessen der Menschheit sind festgelegt, die Fortschreitung, die Entwicklung, die Aufblühung. Nach einer kurzen Umschau werden wir auch bemerken, dass Reinhold jetzt *überhaupt* nicht von Prinzipien spricht, was in einer ersten Annäherung der gemeinsame Name von Erkenntnisgründen und Grundsätzen ist. Die Frage ist natürlich, ob wir diesen

---

144 Ebd. S. 340. Vgl. Carl Leonhard Reinhold, Wie ist Reformation der Philosophie möglich?, II. Teil, a.a.O., S. 301.
145 Ebd.
146 Ebd. S. 302.
147 Carl Leonhard Reinhold, Wie ist Reformation der Philosophie möglich?, I. Teil, a.a.O., S. 33.

Zusammenhang umdrehen können: sind wir imstande diese Prinzipien zu finden, und dadurch die Sache der Menschheit zu fördern? „Noch viel gewisser aber werden mir alle philosophischen Parteien […] beistimmen, wenn ich hier als ausgemacht annehme, dass die Entdeckung allgemeingültiger Prinzipien […] die Wissenschaften unsrer Pflichten und Rechte usw. in den Rang der eigentlichen Wissenschaften, den sie bisher nur dem Namen nach besaßen, erheben, und denselben einen Einfluss und eine Würde verschaffen mussten, die auch ihre eifrigsten Sachwalter bis jetzt kaum für möglich gehalten haben […]."[148] Der Menschheit dienen heißt vor allem die Erzeugung der Wissenschaften, oder anders formuliert: Reinhold ist der Überzeugung, dass die höchste Form einer Arbeit für die Menschheit in der Aufhebung der Philosophie auf ein wissenschaftliches Niveau besteht. Zahlreiche Beispiele können uns davon überzeugen, dass vor allem die praktischen Wissenschaften einen unmittelbaren Nutzen für die Menschheit haben können. Reinhold meint aber offensichtlich, dass die praktischen Wissenschaften die theoretischen notwendigerweise *immer voraussetzen müssen*. Dieses Argument hat aber noch ein sehr wichtiges Element. Die Erzeugung der Wissenschaften und die Aufstellung der Prinzipien hängen auf das Engste zusammen. (Das bedeutet, der Sinn der Suche nach Prinzipien besteht darin, dass dadurch die wissenschaftliche Theoriebildung ermöglicht wird.) Wenn wir von den Prinzipien sagten, dass sie zugleich allgemeingültig und allgemeingeltend sein müssen, dann besagt das letzte Zitat, dass diese These auch auf die Wissenschaften als Ganzes bezogen werden kann: die Wissenschaften müssen gleichzeitig streng (oder exakt) *und* allgemein anerkannt sein. „Diese Entdeckung [ist] vielleicht das wichtigste Geschenk […], das der Menschheit von einem Menschen gemacht werden kann."[149]

Reinhold hat uns versprochen, dass wir von den allgemeingeltenden Erkenntnisgründen und Grundsätzen zur allgemeingültigen Erkenntnisgründen und Grundsätzen gelangen können. Dieser Zusammenhang tritt aber zunächst in einer negativen Form auf; *es gibt keine* allgemeingeltende Erkenntnisgründe und Grundsätze, woraus folgt, dass auch die allgemeingültigen Prinzipien *nicht möglich* sind. *Die ganze Philosophie Reinholds zielt darauf ab, diesem Zusammenhang eine positive Wende zu geben.* Das könnte man als das philosophische Programm der Reformation ansehen: Man muss sich befreien von der zeitgenössischen Lage der Philosophie, und muss das Gegenteil dessen beweisen, was aus

---

148 Ebd. S. 33-34.
149 Ebd. S. 34. – In der nachkantischen Philosophie ist es ganz üblich, den Standpunkt der ganzen Menschheit heraufzubeschwören. In den Diskussionen ist häufig der Einwand formuliert worden (auf den einen oder anderen Autoren bezogen), dass etwas nur Schein ist und auf einer Täuschung beruhe. Das hat z. B. Salomon Maimon getan, als er sich mit der Philosophie Reinholds auseinandergesetzt hat. Vgl. Salomon Maimon, Streifereien im Gebiete der Philosophie, in: ders., *Gesammelte Werke*, Bd. 4, hg. von Valerio Verra, Georg Olms Verlag, Hildesheim 2003, S. 206.

der Beobachtung der bisherigen philosophischen Systeme zu folgen scheint.[150] Dieses Programm besteht aus zwei Teilen. – (1) Gehen wir davon aus, dass in der heutigen philosophischen Situation (wie es in der Geschichte der Philosophie schon oft vorgekommen ist) ein gewisses Chaos herrscht, und zwar in dem Sinne, dass die bedeutendsten Ergebnisse keine Akzeptanz finden. Diese Situation hat die Voraussetzung, dass hinsichtlich der *Prinzipien* kein Einverständnis besteht. „Man vergesse nicht, dass hier nur von Prinzipien die Rede ist. Selbst diejenigen, welche den Frieden auf dem Gebiete der spekulativen Philosophie für eine Schimäre, und den Streit der Philosophen für notwendig endlos ansehen, gestehen doch wenigstens so viel ein, dass unter den Streitenden selbst Einverständnis über Prinzipien möglich und notwendig sei, wenn nicht der ganze Streit zwecklos und ungereimt sein […] soll."[151] Ist es aber möglich, dass die philosophischen Streitereien wirklich sinnlos und uferlos sind? Auf diese Frage scheint Reinhold keine direkte Antwort zu geben, aber aus der Perspektive der ganzen Untersuchung folgt, dass eine solche Streitigkeit nicht im Dienste der Menschheit wäre. Oder umgekehrt: Wenn die Philosophen wirklich im Interesse der Menschheit handeln möchten, dann müssen sie in den Diskussionen „konstruktiv" sein. Nur aufgrund dieser Voraussetzung wird eine Reformation der Philosophie möglich. Der Ausgangspunkt der Reformation ist also nicht die Leistung eines Einzelnen, sondern eine gewisse Streitsituation, in der alle Beteiligten die Interessen der ganzen Menschheit vor Augen halten. *Reinhold bestimmt diese Prinzipien nicht näher, weil er jetzt nur die Möglichkeit der Reformation feststellen möchte.* – (2) Von diesen Prinzipien ausgehend muss die Philosophie zeigen, dass sie (nämlich die Prinzipien) wirklich allgemeingültig sind. Das steht angeblich auch im Interesse der Menschheit, weil mit diesem Schritt die Erzeugung der Wissenschaft vollendet wird. In der Geschichte der Philosophie ist es bisher niemandem gelungen, solche allgemeingültige Prinzipien aufzustellen. Wir können also nicht von der Wirklichkeit dieser Prinzipien ausgehen, aber wir können versuchen deren Möglichkeit zu beweisen. Das entscheidende Argument beruht auch jetzt im Hinweis auf die Interessen der Menschheit: die Wissenschaft könnte (besonders auf dem Gebiete des praktischen Lebens) die Entwicklung der Menschheit fördern. „Wer überzeugt ist, dass das Problem, *wie sind allgemeingültige Erkenntnisse usw. möglich?*, durch das höchste Interesse der Menschheit in Rücksicht auf den gegenwärtigen Zustand der Philosophie aufgegeben sei, der muss auch annehmen, dass die Bedingungen […], die zur Auflösung desselben gehören, gegeben seien, und gefunden werden können."[152] (Die Frage ist deswegen nicht mehr, ob diese Bedingungen überhaupt möglich sind, sondern wie sie möglich

---

150 Wahrscheinlich entsteht hier der Gedanke, den Reinhold später in einem Titel verwenden wird: „Die bisherigen Missverständnisse der Philosophen".
151 Carl Leonhard Reinhold, Wie ist Reformation der Philosophie möglich?, I. Teil, a.a.O., S. 34.
152 Ebd. S. 38-39.

sind?)[153] Aber wo können diese Bedingungen gefunden werden? An zwei Stellen mit Sicherheit nicht; sicherlich nicht jenseits der Sphäre der Erkennbarkeit, also im blinden Glauben, und auch nicht in der Sphäre derjenigen Probleme und Zusammenhänge, an denen sich die Philosophie (oder die Metaphysik) bisher abgearbeitet hat. Die Bestimmung und Befolgung dieses Interesses hat Reinhold dazu geführt, dass er sich ein Jahr später schon für die Erkenntnisgründe und die Grundsätze *an sich* interessiert. Er geht dann bis zur Behauptung, dass es nur *ein einziger* solcher Grundsatz möglich ist, der als allgemeines Fundament der Philosophie dienen kann.

\* \* \*

In dieser Konzeption ist eine merkwürdige *Unsicherheit* zu spüren; nachdem Reinhold von der Kant-Interpretation zu der reflexiv-programmatischen Darstellung seiner eigenen Theorie übergegangen ist, bleibt der Stellenwert der Kant-Auslegung fraglich. Im April und Mai 1789 hat Reinhold eine sehr umfangreiche zweiteilige Studie veröffentlicht, in dem *Teutschen Merkur*, mit dem Titel: „Über das bisherige Schicksal der kantischen Philosophie". (Diese Studie ist fast wortwörtlich identisch mit der langen Vorrede der *Theorie des Vorstellungsvermögens*.) In dieser Studie versucht Reinhold einen allgemeinen Überblick über die bisherige Geschichte der kantischen Philosophie zu geben und neigt dadurch zu einem Rückfall zur Kant-Interpretation. Das bedeutet natürlich auch eine neue Auslegung der philosophischen Reformation. In dieser Studie lassen sich zahlreiche Anmerkungen finden, die eindeutig darauf hinweisen, dass die philosophische Reformation zur Vergangenheit gehört, sie hat sich *schon* abgespielt in der theoretischen Philosophie Immanuel Kants. Diese Philosophie ist inmitten einer besonderen Krisensituation aufgetreten; die lange herrschende deutsche Schulphilosophie ist infolge der Integration der Erfahrungen zerfallen, wodurch die Philosophie ihren streng systematischen Charakter verloren hat. (Die Zurückdrängung des systematischen und das Vordringen des historischen Charakters gehören – laut Reinhold – notwendigerweise zusammen.)[154] *Die Philosophie wird*

---

153 Beachten wir die Struktur des Arguments: Das Auftauchen eines Problems bedeutet, dass die Bedingungen seiner Auflösung schon gegeben sind, d. h., es gibt gute Chancen für die Auflösung des Problems. Die Prämisse des Arguments ist, dass die dringenden Probleme *notwendigerweise* eine Auflösung haben. (Marx hat ähnlich behauptet, dass wir beim genauen Hinsehen bemerken werden, dass die Menschheit immer nur Ziele setzt, die sie auch erreichen kann. Vgl. Karl Marx, *Zur Kritik der politischen Ökonomie*, in: Marx – Engels, *Werke*, Bd. 13, hg. von Mathias Bertram, Directmedia, Berlin 2004, S. 9.)

154 „In den Lehrbüchern hatte die Philosophie in eben dem Verhältnisse die Form der Geschichte angenommen, als sie sich von der Form der freien Wissenschaft entfernte." Carl Leonhard Reinhold, Über das bisherige Schicksal der kantischen Philosophie, I. Teil, in: *Der Teutsche Merkur* 1789, Bd. 2, S. 11.

*in diesem Prozess allmählich zum Ausdruck der kontingenten Individualität. Das bedeutet, von der anderen Seite betrachtet, dass die allgemeingültigen Prinzipien langsam verloren gegangen sind.* Unter solchen Umständen „erschien das größte Werk des königsbergischen Philosophen, welches nichts Geringeres zum Zwecke hat, als jenem Mangel auf immer abzuhelfen […]".[155] Wenn Kant wirklich die allgemeingültigen Prinzipien ausgearbeitet hat, dann müssen diese nur noch allgemeingeltend gemacht werden. Man hat den Eindruck, dass Reinhold jetzt zum ersten Mal mit den enormen Diskussionen um die kantische Philosophie konfrontiert wurde. „Noch nie ist wohl ein Buch, ein einziges ausgenommen" – das muss wohl die Bibel sein – „so angestaunt, bewundert, gehasst, getadelt, verketzert, und missverstanden worden."[156] Reinhold sieht eindeutig ein Rätsel in dieser widersprüchlichen Wucherung der Rezeption. In der jetzt behandelten Studie versucht er auf zwei Ebenen dieser Herausforderung gerecht zu werden. – (1) Das Interesse und die philosophische Bildung der breiteren Öffentlichkeit wird durch die *Popularphilosophie* bestimmt. Laut Reinhold besteht zwischen dem Dogmatismus der früheren Schulphilosophie und der Popularphilosophie ein enges Verhältnis; vielleicht könnte man sagen, dass die Popularphilosophie im alltäglichen Leben als eine sedimentierte Schulphilosophie zu verstehen ist. Die in der Schule gelernte Philosophie hat sich dem *common sense* angepasst, und erscheint jetzt als ein Ganzes. Die *Popularphilosophie* operiert mit verschiedenen Formeln, die auf die praktischen Wahrheiten zugeschnitten sind, und denen niemand widersprechen kann, der den *common sense* besitzt.[157] (Das bedeutet, dass die *Popularphilosophie* das Stadium der Erschütterung der dogmatischen Schulphilosophie durch neue Erfahrungen – oder durch die Berücksichtigung gewisser Erfahrungen – nicht mitgemacht hat.) Die *Popularphilosophie* ist laut Reinhold schon deswegen besonders gefährlich, weil sie sich anmaßt, bestimmen zu können, was in einer breiteren Öffentlichkeit als allgemeingeltend betrachtet werden kann. Besonders die Erscheinung der kantischen Philosophie hat darauf aufmerksam gemacht, dass die *Popularphilosophie* inzwischen auch schon die Lehrstühle der Universitäten erobert hat. – (2) Aber auch solche Professoren, die noch nicht der *Popularphilosophie* zum Opfer gefallen sind, haben Zweifel und Einwände gegen die *Kritik der reinen Vernunft* formuliert: „Ein beträchtliche Anzahl philosophischer Köpfe, auf welche Deutschland mit Recht stolz ist, und unter diesen die Meisten der berühmten akademischen Lehrer, haben sich entweder gegen das ganze neue System, oder, welches in der Tat ebendasselbe ist, gegen dessen wesentliche Teile erklärt […]."[158] (Reinhold erwähnt auch, dass von den jungen Leuten – die er gerne als „Schriftstellerchen" bezeichnet – viele durch die Kritik an Kant die Aufmerksamkeit auf sich ziehen

---

155 Ebd. S. 13.
156 Ebd.
157 Ebd. S. 24.
158 Ebd. S. 14.

wollten.) Auf jeden Fall versucht Reinhold vor allem sie zu überzeugen, mit seiner systematischen Neugestaltung und strengen Darstellung der kantischen Philosophie. Für sie wird es leichter zu zeigen sein, dass die allgemeingültigen kantischen Prinzipien zugleich allgemeingeltend sind.[159] In diesem Zusammenhang steht die Kant-Interpretation in einem Konkurrenzverhältnis zu der *Popularphilosophie*. Damit wollte ich zeigen, dass Reinhold, nachdem er von der Kant-Interpretation zur reflexiv-programmatischen Darstellung seiner eigenen Theorie übergegangen ist, keinen Platz mehr für die kantische Philosophie findet; und fällt so zurück zu seiner früheren Kant-Auslegung.[160]

\* \* \*

---

159 Aus diesem Zusammenhang sieht man, dass Reinhold letztendlich die *Popularphilosophie* bestehen lässt, und zwar wahrscheinlich aufgrund der folgenden Überlegung: Wenn man diejenigen Professoren überzeugen könnte, deren Überzeugung noch nicht hoffnungslos ist, dann würde eine neue Schulphilosophie entstehen, die eben so auf den sensus communis wirken würde, als die frühere Schulphilosophie.

160 Die größte Leistung von Reinholds Sohn – der in der Zeit nach Hegels Tod in Jena Professor war – war die Systematisierung und Präzisierung des Begriffs der *Popularphilosophie*. „In der zweiten Hälfte des achtzehnten Jahrhunderts vereinigte sich mit dem noch fortdauernden Einflusse der leibnizisch-wolffischen Philosophie der zunehmende, welchen die philosophischen Schriften der Engländer und der Franzosen auf die Denkart und den Geschmack der philosophierenden Köpfe in Deutschland gewannen, um unter ihnen dem Eklektizismus in einer dem Zeitalter angemessenen Form das Übergewicht zu verschaffen." Ernst Reinhold, *Lehrbuch der Geschichte der Philosophie*, Verlag von Friedrich Mauke, Jena 1839, S. 468-469. Die wichtigsten Elemente bei der Bestimmung der *Popularphilosophie* sind: (1) Die Popularphilosophie hat sich mit der Schulphilosophie verbunden; d. h., dass die Popularphilosophie zur kanonisierten Philosophie geworden ist. Es gibt aber einen wichtigen Unterschied: die Schulphilosophie ist an die Universitäten, die Popularphilosophie an die Öffentlichkeit gebunden. (Moses Mendelssohn hat noch den umgekehrten Prozess beschrieben und ihn als Krise verstanden. „Die arme Matrone […] man hat sie aus der großen Welt verbannt und auf die Schulen und Kollegien verwiesen." Mendelssohn, *Briefe die neueste Litteratur betreffend*, 20. Brief, den 1. März, 1759, S. 129-130.) (2) Die Popularphilosophie ist vor allem auf fremde Einflüsse zurückzuführen, vor allem auf die englischen und die französischen Philosophen. Diese Philosophie ist durch eine „leichte und fassliche, durch eine gewählte und blühende Darstellung" zu charakterisieren. Ernst Reinhold, *Lehrbuch der Geschichte der Philosophie*, a.a.O., S. 469. (3) Der Eklektizismus löst die Systematik der früheren Schulphilosophie ab; die innere Kohärenz wird zugunsten der Buntheit und der Vielfältigkeit zurückgedrängt. – Nach dieser Charakterisierung könnte man sagen, dass Reinhold sen. eine richtige antipopularphilosophische Wende vollzogen hat. Diese Charakterisierung bewegt sich aber m. E. auf einem so allgemeinen Niveau, dass zahlreiche Motive, die bei Reinhold in die Richtung der Popularisierung zeigen, nicht zu erfassen sind.

Der neue Gedanke, der die Zeitschriftenveröffentlichungen Reinholds durchdringt, ist die Wichtigkeit der *Rezeption* von philosophischen Konzeptionen. Das kann in heutiger Sprache so ausgedrückt werden: Beim Studium einer philosophischen Theorie muss man nicht nur auf deren Wahrheitsgehalt achten, sondern ebenso die Einlösung ihrer Geltungsansprüche berücksichtigen. In der zeitgenössischen Diskussion war die kantische Philosophie sehr umstritten; wichtiger ist aber – so hat Reinhold später bemerkt – das entstandene Interpretationschaos. Die philosophische Entwicklung Reinholds lässt sich Ende der 80er und Anfang der 90er Jahre in drei Schritten zusammenfassen, die aber ineinander übergehen. (1) Kant hat die allgemeingültigen Prinzipien der Philosophie entdeckt, es kommt jetzt nur noch darauf an, sie allgemeingeltend zu machen. (2) Es gibt aber einen gewissen Zusammenhang zwischen dem allgemeingültigen und allgemeingeltenden Charakter der Prinzipien. Von dieser Erkenntnis geht die behandelte Aufsatzreihe aus. An diesem Punkt entsteht auch der Verdacht, dass die kantischen „Prinzipien" mit großer Wahrscheinlichkeit nicht als *allgemeingültig* bezeichnet werden können. Hier setzt Reinhold einen gewissen Automatismus zwischen allgemeingültig und allgemeingeltend voraus. Das Interpretationschaos ist somit ein Indiz für innere Probleme der Philosophie. Die Aufgabe ist jetzt, die richtigen und tiefsten Prinzipien hinter der kantischen Philosophie zu entdecken. (3) Die Begründung der kantischen Philosophie geht über in die Ausarbeitung einer eigenen Theorie, die jetzt nicht mehr kantisch, sondern nur noch kantianisch genannt werden kann. (Das Problem ist, dass Reinhold die *beiden* Gestalten seiner Philosophie als *Elementarphilosophie* bezeichnet.) Die Bezeichnungen „allgemeingültig" und „allgemeingeltend" treten jetzt als Forderungen an die Prinzipien auf; es muss ein allgemeingültiger Grundsatz gefunden werden, der gleichzeitig auch allgemeingeltend sein muss. Aus diesem Satz muss eine ganze Philosophie abgeleitet werden, auf die (durch die Ableitung) der allgemeingültige und allgemeingeltende Charakter des Grundsatzes übertragen wird. Das wäre die richtige wissenschaftliche Philosophie. Ich meine behaupten zu können, dass die behandelte Aufsatzreihe ein *solches* Programm vor Augen hat.

\* \* \*

In der Aufsatzreihe, die im *Neuen Deutschen Museum* erschienen ist, wollte Reinhold aus dem durch die Streitereien bestimmten Chaos zu einem allgemeingültigen Prinzip gelangen. Die Streitereien beweisen, dass die Philosophie noch nicht allgemeingeltend ist. Reinhold schlägt vor, dass man sich zunächst nicht auf die *konkreten* Diskussionen einlassen soll, sondern die Diskussionen *an sich* anschauen soll. „Man vergesse nicht, dass hier nur von Prinzipien die Rede ist. Selbst diejenigen, welche den Frieden auf dem Gebiete der spekulativen Philosophie für eine Schimäre, und den Streit der Philosophen für notwendig endlos ansehen, gestehen doch wenigstens so viel ein, dass unter den Streitenden selbst

53

Einverständnis über Prinzipien möglich und notwendig sind [...]."[161] In allen Diskussionen gibt es ein antizipiertes Moment des Konsenses. Von diesem konsensuellen Moment muss man ausgehen, wenn man nach einem allgemeingültigen Prinzip suchen will. Diese ganze Theorie ist als eine neue Darstellung der philosophischen Krise zu betrachten. Schon 1759 hat Moses Mendelssohn die Umrisse einer kompletten Krisentheorie beschrieben. Ein wichtiges Element in dieser Krisenbeschreibung ist die *Anarchie*. „Sie sollten mit Verwunderung unsere jungen Leute, die von der hohen Schule zurückkommen, von Philosophie reden hören. Sie beurteilen alles; lachen über alles. Sie werden Ihnen dreiste genug unter die Augen sagen, dass die beste Welt eine Grille, die Monaden ein Traum, oder ein Spaß des großen *Leibniz*, *Wolff* ein alter Schwätzer, und *Baumgarten* ein dunkler Grillfänger sei, die albern genug waren, was *Leibniz* scherzweise vorgebracht, in ein ernsthaftes System zu verwandeln."[162] Dieses Bild hat Reinhold zu einer allgemeinen Kritik der Streitereien weiterentwickelt. Wichtig ist aber auch der funktionale Stellenwert dieser Krise. In dem Moment als Reinhold die Krise nicht mehr an die kantische Philosophie knüpft, sondern als Grundlage seiner eigenen Philosophie betrachtet, verwandelt er sie in eine produktive Herausforderung.

In der *Theorie des Vorstellungsvermögens* und in fast allen in dieser Zeit erschienen Publikationen kommt der Gedanke vor, dass in der „zeitgenössischen" Philosophie vier grundsätzliche Richtungen aufgezeigt werden können. Dieses Problemfeld der Krise wird durch zwei grundlegende Fragen konstruiert: (1) Ist die Frage nach dem Dasein Gottes zu beantworten? (2) Ist Gott identisch mit, oder verschieden von der Natur? Die *Theisten* und die *Pantheisten* haben behauptet, dass die Frage nach dem Dasein Gottes beantwortet werden kann, die *Supernaturalisten* und die *dogmatischen Skeptiker* haben hingegen behauptet, dass diese Frage *nicht* beantwortet werden kann. Die *Theisten* und die *Supernaturalisten* haben gemeint, dass Gott von der Natur verschieden ist, die *Pantheisten* und die *dogmatischen Skeptiker* behaupten hingegen, dass eine solche Erklärung völlig grundlos ist.[163] „Die philosophische Welt hat sich über jede dieser Fragen in vier Hauptparteien getrennt, die sich um die Wahrheit herum in einem Vierecke gelagert haben, wo die einander Gegenüberstehenden ihren Gegenstand aus gerade entgegengesetzten, die sich angrenzenden aus verschiedenen Gesichtspunkten betrachten; die Ersteren unter einander in unaufhörlicher Fehde begriffen waren, die Letzteren bald auf der einen bald auf der andern Seite foch-

---

161 Carl Leonhard Reinhold, Wie ist Reformation der Philosophie möglich?, I. Teil, a.a.O., S. 34.
162 Moses Mendelssohn, *Briefe die neueste Litteratur betreffend*, 20. Brief, den 1. März 1759, S. 130.
163 Carl Leonhard Reinhold, Über das bisherige Schicksal der kantischen Philosophie, II. Teil, in: *Der Teutsche Merkur* 1789, Bd. 2, S. 114.

ten."[164] Wenn man diese Parteien als die Eckpunkte eines Vierecks betrachtet, dann kann man sagen, dass jede Partei, von der jeweiligen Frage abhängend, sich mit dem neben ihr liegenden Eckpunkt verbindet. Es mag jetzt überraschend vorkommen, dass Reinhold diese Diskussionskonstellation wieder zur Deutung der kantischen Philosophie verwendet. „[Die] Antworten auf alle bisherigen Einwürfe, so wie die Erklärungen, die Herr Kant selbst über einige derselben bekannt gemacht hat, haben keinen anderen Inhalt, als dass sie die Gegner über den missverstandenen Sinn der Kritik der Vernunft zurechtweisen [...]."[165] Das würde bedeuten, dass die genannten Richtungen im Kontext der Auflösung der Schulphilosophie entstanden sind. Reinhold spricht von einer „philosophischen Periode", die „unmittelbar auf die leibnizisch-wolffische" folgt.[166] Wenn Kant schon diese Richtungen überwunden hat, dann kann man das Programm Reinholds schwer verstehen. In der Darstellung der Diskussionsrichtungen wären dann auch die Begriffe „allgemeingültig" und „allgemeingeltend" nur schwer zu verstehen. Eine solche Interpretation der philosophischen Krise und der kantischen Philosophie würde den programmatischen Ausklang der Aufsatzreihe tief erschüttern.

Reinhold möchte nun in einer stark biografisch geprägten Studie zeigen, wie er zur Idee gelangt ist, dass man tiefer gehen muss, als das die kantische Erkenntnistheorie getan hat, und dadurch zu einer *Konzeption des Vorstellungsvermögens* kommen muss. In diesem Falle müsste man sagen, dass die einzelnen philosophischen Richtungen aus der Streitsituation *in der nachkantischen* Philosophie entstanden sind. In diesem Falle könnte die *Theorie des Vorstellungsvermögens* auf eine eigene Konzeption zusteuern. Der Konsens, der hinter dieser Streitsituation steht, ist die Einsicht, dass wir Vorstellungen *haben*, bzw. die Fähigkeit *besitzen* Vorstellungen zu bilden. Die Existenz der Vorstellungen, und dadurch die Gegebenheit des *Vorstellungsvermögens* wäre somit das letzte Prinzip der Untersuchungen. „Wer unterschreibt nicht", so fragt Reinhold in einer Fußnote der behandelten Aufsatzreihe, „das alte Sprichwort: *Contra principia negantem non est disputandum?*"[167] Dieses alte Sprichwort wird in einen *allgemeingeltenden* philosophischen Grundsatz verwandelt. (Es kann nicht zufällig sein, dass wir von einem Sprichwort, sogar von einem *alten* Sprichwort ausgehen, das suggeriert nämlich eine gewisse Evidenz.) Es bleibt jetzt nur noch die Aufgabe, die Allgemeingültigkeit dieses Grundsatzes zu beweisen. „Mit einem Worte, der Verfasser musste sich der *Allgemeingültigkeit* seiner Theorie dadurch zu versichern suchen, dass er durchaus Nichts als *gemeingültig* voraussetzte, was nicht wirklich *allge-*

---

164 Ebd. S. 114.
165 Carl Leonhard Reinhold, Über das bisherige Schicksal der kantischen Philosophie, I. Teil, a.a.O., S. 16.
166 Ebd. S. 3.
167 Carl Leonhard Reinhold, Wie ist Reformation der Philosophie möglich, I. Teil, a.a.O., S. 34.

*meingeltend* ist."[168] – Ich möchte jetzt noch einmal (und zuletzt) die Frage aufwerfen, warum Reinhold immer zwischen der Kant-Interpretation und der Ausführung seines eigenen Programms schwankt. Oder genauer formuliert: Warum fällt er vom eigenen Programm immer wieder zur Kant-Interpretation zurück? Die tiefste Ursache – darauf weist auch das letzte Zitat hin – mag die Angst vor der *Popularphilosophie* gewesen sein. Reinhold muss jetzt von einem gemeingültigen Satz ausgehen, dessen Allgemeingültigkeit er beweisen muss. Wenn man genauer nachdenkt, kommt man zu einer fatalen Konsequenz: Nur das kann allgemeingültig sein, was allgemeingeltend ist; das heißt nur ein Satz oder eine Einsicht des *common sense* kann zum allgemeinen Prinzip der Philosophie erhoben werden.

---

168 Carl Leonhard Reinhold, Über das bisherige Schicksal der kantischen Philosophie, II. Teil, a.a.O., S. 134. (Hervorhebungen von mir, J.W.)

# Dritte Vorlesung

# Erhards philosophische Programme

Johann Benjamin Erhard war wahrscheinlich der begabteste Schüler Reinholds; er ist im Winter 1790/91 zu Reinhold nach Jena gekommen. „Reinhold in Jena hatte mich durch seine *Theorie des Vorstellungsvermögens* sehr angezogen, und ich versprach mir eine Erweiterung meiner philosophischen Kenntnisse durch seinen Umgang; ich beschloss daher, den Winter in Jena zuzubringen."[169] Als Erhard nach Jena kam, stand die elementarphilosophische „Zuspitzung" der Theorie des Vorstellungsvermögens auf der Tagesordnung. Reinhold hat 1790 ein viel beachtetes Buch veröffentlicht, mit dem Titel, *Beiträge zur Berichtigung bisheriger Missverständnisse der Philosophen*. Zunächst scheint der Titel den früheren Aufsatz, *Über das bisherige Schicksal der kantischen Philosophie* fortzusetzen. Näher betrachtet will aber dieses Buch eine allgemeine Begründung der sogenannten *Elementarphilosophie* liefern: „Das Fundament jeder Wissenschaft als *einer solchen*, muss sich durch einen Grundsatz ausdrücken lassen, und das Fundament der Wissenschaft des Vorstellungsvermögens, inwiefern dieselbe *Elementarphilosophie* sein soll, muss sich durch einen Grundsatz ausdrücken lassen, der durchaus von keinem anderen Satze abgeleitet werden kann und darf, und folglich der *absolut erste Grundsatz* und eben darum ein durchs bloße *Bewusstsein* unmittelbar einleuchtender Satz sein muss."[170] Was kann aber *für* das Bewusstsein unmittelbar einleuchtend sein? Anscheinend nur das Bewusstsein selbst. „*Das Bewusstsein* ist der eigentliche letzte Grund, das Fundament, über welchen die Theorie des Vorstellungsvermögens aufgeführt ist [...]."[171] Aus der Unmittelbarkeit folgt schon, dass „der letzte Grund" nicht abgeleitet werden kann. „Der Satz des Bewusstseins bedarf daher keiner Ableitung aus irgendeinem Satze der Wissenschaft, die er begründet; er ist die letzte Quelle aller wissenschaftlichen Evidenz [...]."[172] Reinhold versucht so die Elementarphilosophie als eine Umformulierung der Theorie des Vorstellungsvermögens darzustellen und hält an der Kontinuität fest. Erhard lernt die Philosophie Reinholds in dieser Gestalt kennen; er meint, dass er in Jena wirklich diejenige Philosophie vorgefunden hat, die ihn ursprünglich angezogen hat. Faustino Fabbinelli nennt die Elemen-

---

169 Karl August Varnhagen von Ense, *Denkwürdigkeiten des Philosophen und Arztes Johann Benjamin Erhard*, a.a.O., S. 22.
170 Carl Leonhard Reinhold, *Beiträge zur Berichtigung bisheriger Missverständnisse der Philosophen*, a.a.O., S. 280. (Die erste Hervorhebung vom Autor, die anderen von mir, J.W.)
171 Ebd.
172 Ebd. S. 283.

tarphilosophie eine „Umbenennung" und eine „Erweiterung" der Theorie des Vorstellungsvermögens.[173] Die Reinhold-Forschung kämpft bis heute mit diesem Problem, d. h., dass der Transformationsprozess bis heute nicht genau aufgezeichnet ist. Der Ausgangspunkt einer Transformation kann m.E. nur die *Popularisierung* sein. Ich möchte hier nur eine Hypothese aufstellen: *Reinhold hat wahrscheinlich in der zweiten Jahreshälfte 1789 eine Wende durchgemacht, die aber weder die philosophischen Zeitgenossen, noch die spätere Forschung bemerkt hat.* Reinhold hat in der Aufsatzreihe, *Wie ist Reformation der Philosophie möglich?* den allgemeingültigen und den allgemeingeltenden Charakter der Grundsätze miteinander zu verbinden versucht. Dieses Programm hat letztendlich dazu geführt, dass der allgemeingeltende Charakter (vor der Allgemeingültigkeit) die Priorität bekommt; diese Tendenz verfestigt sich in der zweiten Jahreshälfte 1789. Wir müssen wahrscheinlich zugeben, dass die Elementarphilosophie ein gewaltiger Schritt in die Richtung der *Popularphilosophie* ist; sie wird sofort sehr berühmt, liefert aber auch eine Zielscheibe für die Kritik.

An diesem Punkt der Philosophiegeschichte tritt Erhard auf, von dem Reinhold eine sehr gute Meinung gehabt hat: „Ich kenne niemanden [...], der so viele kalte ruhige parteilose Vernunft mit einem so warmen Herzen verbindet. Vermutlich kommt das daher, weil Licht und Wärme bei Ihnen aus *einer* Quelle fließen."[174] Man kann sagen, dass Erhard eigentlich in *diesem* Kontext zum Philosophen geworden ist, er ist aber nie zu einem bedeutend-kanonisierten Denker geworden. Vielleicht deswegen, weil er nie eine markante Position vertreten hat, die man mit seinem Namen verbinden könnte. Er hat (in Besprechungen, in Briefen und in einigen sehr umstrittenen Aufsätzen) drei Strategien entwickelt, die auch zeitlich gut zu unterscheiden sind. Die erste fällt in eine Phase, in der Erhard neben Reinhold in Jena lebt, die zweite entfaltet sich während seiner langen Reise und die dritte beginnt erst nach seiner Rückkehr nach Nürnberg.[175]

---

173 Faustino Fabbinelli (Hg.), *Die zeitgenössischen Rezensionen der Elementarphilosophie Karl Leonhard Reinholds*, Olms Verlag, Hildesheim/Zürich/New York 2003, S. XIII.

174 Karl August Varnhagen von Ense, *Denkwürdigkeiten des Philosophen und Arztes Johann Benjamin Erhard*, a.a.O., S. 306.

175 Ich werde mich in dieser Vorlesung ausschließlich mit der theoretischen Philosophie Erhards beschäftigen, obwohl sein bekanntestes Werk – *Über das Recht des Volkes zu einer Revolution* – in die praktische Philosophie gehört. – Zuerst schreibt Reimarus in einem Brief (am 19. Oktober 1791) an Erhard über die Französische Revolution: „Allerdings sind [die Franzosen] leichtsinnig und ausschweifend. Aber ein sanftmütiges, phlegmatisches Volk würde es sich auch nie haben in den Sinn kommen lassen, eine solche Umwälzung zu schaffen, die, wenn sie gleich selbst keineswegs vollkommen ist, doch den herrlichen Nutzen stiftet, andere Völker aufzuwecken. [...] Lasst uns nur die guten Grundsätze mehr und mehr verbreiten. Die Regierer sind zum Wohl der Regierten bestellt. [...] Kein Krieg sollte anders, als zum Besten des Volkes und nach Rat dessen Repräsentanten angefangen werden. Menschen sollten nicht, gleich dem Vieh, als Eigentum betrachtet, vertauscht, ver-

## 1. Programm: die Apologie Reinholds

August Wilhelm Rehberg hat als Erster nach der Erscheinung der *Theorie des Vorstellungsvermögens* (am 20. November 1789) eine sehr positive Rezension veröffentlicht. Das erste Lob bezieht sich auf das Werk: „Der scharfe philosophische Blick ins Ganze, und das besondere Darstellungstalent, die den Verfasser so vorteilhaft auszeichnen, seien schon aus seinen vorigen Schriften bekannt. Dieses Werk zeigt zugleich, wie geschickt er auch ins Detail zu gehen, und die feinsten abgezogensten Begriffe in ihre wesentlichen Bestandteile aufzulösen weiß."[176] Der zweite Lob gehört dem Autor: „Die Entwicklung aller dieser Theorien ist dem Verfasser allein eigen und geht einen ganz neuen Weg, der aber am Ende zu denselben Resultaten führt, welche das kantische System vorträgt, und so von einer völlig neuen Seite dasselbe bestätigt."[177] – Am 28. Januar veröffentlicht Rehberg dann eine neue Rezension über die *Beiträge*. Es ist überraschend, dass Rehberg anscheinend ohne alle Vermittlung jetzt mit der Stimme eines Gegners auftritt. Er findet jetzt weder den Autor noch das Werk lobenswert. Rehberg sieht jetzt auch die Bedeutung der Theorie des Vorstellungsvermögens etwas anders: „[Die *Theorie des Vorstellungsvermögens*] enthält vielmehr ein ganz eigenes System der Prinzipien, auf denen Kants Philosophie beruhe: und zwar Prinzipien, welche Kant nirgends vorgetragen, und welche von dessen philosophischem Systeme, sowohl dem Inhalte, als der Methode nach, ganz abweichen, wie sich aus dem Folgenden ergeben wird."[178] Rehberg bekennt eher die Veränderung seiner Meinung, er sieht aber keinen Bruch in Reinholds Œuvre. Er meint jetzt, dass

---

kauft, aufgeopfert werden, sondern als Zwecke für sich selbst anzusehen sein usw." Ebd. S. 229-230. Am 16. Januar 1792 schreibt dann Erhard an Reinhold: „Über die Französische Revolution habe ich auch manches gedacht, welches ich Ihnen dann mitteilen werde." Erhard arbeitet zehn Thesen aus, von denen ich jetzt nur die ersten drei erwähnen möchte. „(1) Der Naturstand ist ein Stand der Ungerechtigkeit; es ist daher Pflicht, in bürgerlichen überzugehen, und dies geschieht durch keinen Kontrakt, sondern durch freien Willen und Pflicht; (2) die bürgerliche Gesellschaft kann mir kein Recht geben und nehmen, sie garantiert es mir nur; (3) die Art, einander sich wechselseitig ihre Rechte garantieren, macht die verschiedenen Regierungsformen oder bürgerlichen Verfassungen […] aus […]." Ebd. S. 338. Reimarus betrachtet noch die Ereignisse in Frankreich als ein politisches Geschehen, das auch auf andere Völker eine Ausstrahlung haben kann, Erhard hingegen versucht die Geschehnisse in eine allgemeine Gesellschaftstheorie einzubetten. So kommen wir zu einer radikaleren Theorie.

176 August Wilhelm Rehberg, [Rezension über Reinholds Versuch einer neuen Theorie des menschlichen Vorstellungsvermögens], in: Faustino Fabbinelli (Hg.), *Die zeitgenössischen Rezensionen der Elementarphilosophie Karl Leonhard Reinholds*, Olms Verlag, Hildesheim, Zürich, New York 2003, S. 1.
177 Ebd. S. 10.
178 August Wilhelm Rehberg, [Rezension über Reinholds Beiträge zur Berichtigung bisheriger Missverständnisse der Philosophen, Bd. I], a.a.O., S. 152-153.

Reinholds Theorie ein fehlgeschlagener Versuch ist, die kantische Philosophie neu darzustellen.

Reinholds Buch beginnt mit der Bestimmung der Philosophie, die aber eher einem Glaubensbekenntnis ähnelt. „Ich kann mir die Philosophie nur als strenge Wissenschaft, als einen Inbegriff ausgemachter, feststehender Erkenntnisse, als ein einziges, ganzes, in allen seinen wesentlichen Teilen unwandelbares System denken."[179] Die Frage ist natürlich, wie sich die Philosophie als einziges vollkommenes System zu deren historischen Gestalten verhält. Reinhold sagt, dass man die historischen Systeme nur in einem sehr abgeschwächten Sinne als Philosophie bezeichnen kann.[180] Das heißt, dass man die bisherigen philosophischen Konzeptionen eigentlich nicht mit dem Begriff der „Philosophie" erfassen kann: „und mir ist schon das bloße Dasein *mehrerer* Philosophien Überzeugungsgrund, dass noch *keine* vorhanden ist".[181] Davon ergibt sich aber ein groß angelegtes Programm, das im Widerspruch steht zur Bescheidenheit Reinholds: die eigene Philosophie müsste er jetzt als *die* Philosophie betrachten und nicht bloß als Beitrag zu ihr.[182] (Es ist schwer zu entscheiden, ob man der Ersetzung von *Versuch* durch *Beiträge* eine theoretische Bedeutung beimessen kann, oder nicht. Auf jeden Fall scheint die Verbreitung von *Versuchen* in dieser Zeit darauf hinzuweisen, dass die zeitgenössischen Denker bei der Herausarbeitung der endgültigen Philosophie doch einen gewissen provisorischen Charakter beibehalten wollten.) Die grundsätzlichen Einwände Rehbergs treffen aber vor allem die Theorie des ersten Grundsatzes. Er versucht zu zeigen, dass die allgemeine Charakterisierung des Grundsatzes *nicht* auf das Bewusstsein anzuwenden ist. Reinhold schrieb: „*Grundsatz* heißt jeder Satz, durch welchen mehrere andere *Sätze* bestimmt werden. [...] Der Grundsatz bestimmt nur die Form, nicht die Materie anderer Sätze, nicht die Subjekte und Prädikate anderer Urteile, sondern nur ihre *Verknüpfung*."[183] Diese Behauptung mag richtig sein, sie trifft aber nicht auf den Satz des Bewusstseins zu. Der Satz des Bewusstseins gibt nämlich den Inhalt und nicht die Form an. In einem nächsten Schritt versucht Rehberg dann zu zeigen, wenn es auch einen solchen Grundsatz gäbe, dann könnte man noch immer nicht beweisen, dass er nur als einziger möglich ist. Wenn wir die Bestimmung Reinholds

---

179 Carl Leonhard Reinhold, *Beiträge zur Berichtigung bisheriger Missverständnisse der Philosophen*, a.a.O., S. 13.
180 „[Ich] glaube, dass selbst in den Schriften älterer und neuerer Selbstdenker aufgestellten Philosopheme zusammengenommen den Namen Philosophie nur in einer weiteren Bedeutung, und selbst diesen nur in sofern verdienen, als sie die Sammlung der bisher vorhandenen bearbeiteten und [...] mehr oder weniger brauchbaren Materialien für das künftige Lehrgebäude ausmachen, dem einst der Name Philosophie im strengsten Sinne nach dem einstimmigen Urteile aller Selbstdenker zukommen wird." Ebd.
181 Ebd.
182 Ebd. S. 13-14.
183 Ebd. S. 82.

akzeptieren, dann müsste man zwischen relativen und absoluten Grundsätzen unterscheiden. Um von einem Grundsatz überhaupt sprechen zu können, bräuchten wir ein subordinierendes Kriterium. „Ein solches Kriterium ist aber, wie überhaupt, ein Kriterium für die Urteilskraft seiner Natur nach unmöglich [...]."[184] Zugleich beruht die wirkliche Welt in keinerlei Hinsicht auf einem *einzigen* Prinzip, sondern sie hat immer verschiedene Prinzipien, die einander gegenseitig begrenzen. „Jedes strenge System, welches seiner Natur nach von einem Prinzip ausgeht und ausgehen muss, ist daher keiner reinen Anwendung fähig."[185] Reinhold wollte eigentlich mit diesem Konzept der kantischen Philosophie einen strengeren Aufbau geben, er hat aber nur erreichen können, dass der Charakter der Notwendigkeit der einzelnen Aussagen gesteigert wurde. Bei Kant ist die Frage noch offen geblieben, ob gewisse Zusammenhänge für ein anderes Bewusstsein vielleicht in einem ganz anderen Licht erscheinen könnten. Reinhold wollte hingegen beweisen, dass diese Zusammenhänge gar nicht anders sein können, oder gar nicht anders denkbar sind. Der Beweis der Strenge verstößt also gegen einen wichtigen Gedanken Kants.

Diese Einwände haben Reinhold tief getroffen; davon berichtet einer seiner Lieblingsschüler, Friedrich Carl Forberg: „Rehbergs Rezension in der *Allgemeinen Literatur-Zeitung* betrübte ihn tief. Ich war am Abend jenes Tages, wo ihm die Rezension zugekommen, mit mehreren Studierenden bei ihm. Er sprach mit ungewöhnlich gedämpfter Stimme und Tränen standen ihm in den Augen. Er brachte viele Briefe von Gelehrten herbei, die seine Schriften lobten, und ich musste solche der Gesellschaft, ihm gleichsam zum Trost, vorlesen."[186] Diese Szene hat sich wahrscheinlich so fortgesetzt, dass die Schüler das Gefühl bekommen haben, sie müssten ihren Meister verteidigen. Wir wissen nicht, ob Johann Benjamin Erhard an diesem Abend dabei war, er war aber derjenige Schüler Reinholds, der sich dieser Kritik am effektivsten widersetzt hat. Reinhold war sehr zufrieden mit der Gegenrezension seines Schülers, er hat sie sogar in seinem eigenen 1791 erschienen Buch (*Über das Fundament des philosophischen Wissens*) abdrucken lassen, und zu dem Text selbst einige Fußnoten geschrieben. Ich werde jetzt nur andeutungsweise darstellen, wie Erhard die oben erwähnten Einwände zu entkräften versucht hat.

In der Diskussion um die Bestimmung des Wesens der Philosophie hat Erhard Reinhold so verteidigt, dass er behauptet, Reinhold hat *etwas ganz anderes* gesagt. „Herr Reinhold soll hier durch seine eigenen Worte überführt werden. Aber worüber? Doch nicht darüber, dass der Gegenstand der Philosophie nicht durch die Definition derselben geben werde? Dies hat er nirgends gesagt, und wohl

---

184 Ebd. S. 156.
185 August Wilhelm Rehberg, [Rezension über Reinholds Beiträge zur Berichtigung bisheriger Missverständnisse der Philosophen, Bd. I], a.a.O., S. 156.
186 Zitiert nach Manfred Frank, *„Unendliche Annäherung". Die Anfänge der philosophischen Frühromantik*, Suhrkamp Verlag, Frankfurt am Main 1997, S. 336.

auch nie gedacht."[187] Diese Korrektion hat zwei Aspekte. (a) Es ist wahr, dass Reinhold das Wort „Definition" gar nicht verwendet, obwohl Rehberg den Grundsatz als eine gewisse Definition verstanden hat. Kant hat vor einer übertriebenen Verwendung von Definitionen gewarnt: „Die deutsche Sprache hat für die Ausdrücke der *Exposition, Explikation, Deklaration* und *Definition* nichts mehr, als das eine Wort: Erklärung, und daher müssen wir schon von der Strenge der Forderung [...] etwas ablassen."[188] Schon Aristoteles hat behauptet: „Wir werden uns [...] mit demjenigen Grade von Bestimmtheit [Exaktheit] begnügen müssen, der dem gegebenen Stoffe entspricht. Denn man darf nicht bei allen Fragen die gleiche Präzision verlangen, wie man es ja auch nicht im Handwerklichen tut."[189] Die Ausführungen Kants können als eine Antwort auf die Frage gelesen werden: Warum ist die Mathematik exakter als die Philosophie? Exakt sind nur diejenigen Wissenschaften, in denen die Definitionen zugleich die Begriffe schaffen – das ist der Fall in der Mathematik. In anderen Wissenschaften bestimmen die Definitionen hingegen vorgegebene Begriffe. Die Philosophie kann der Mathematik nicht darin nachmachen, dass sie eine Definition einfach vorausschickt.[190] Das bedeutet aber, dass Wissenschaften auch dann als legitim betrachtet werden können, wenn sie „noch nicht" die höchste Stufe der Exaktheit erreicht haben. „Würde man nun eher gar nichts mit einem Begriffe anfangen können, als bis man ihn definiert hätte, so würde es gar schlecht mit allem Philosophieren stehen. Da aber, so weit die Elemente (der Zergliederung) reichen, immer ein guter und sicherer Gebrauch davon zu machen ist, so können auch mangelhafte Definitionen, Sätze, die eigentlich noch nicht Definitionen, aber übrigens wahr und also Annäherungen zu ihnen sind, sehr nützlich gebraucht werden."[191] *Definitionen* sind also in der Philosophie nicht anzustreben. Erhard ist überzeugt, dass Reinhold diese Formulierungen von Kant vor Augen gehabt hat, und deswegen mit Sicherheit nicht vorgehabt hat, die *Definitionen* in die Philosophie einzuführen. Warum aber dieser Streit um die Definitionen? Was ist die Relevanz dieser

---

187 Johann Benjamin Erhard, Prüfung einer Beurteilung der reinholdschen Elementarphilosophie, *http://tiss.zdv.uni-tuebingen*, S. 4.
188 Immanuel Kant, *Kritik der reinen Vernunft*, A 730, B 758, a.a.O., S. 777-778.
189 Aristoteles, *Die Nikomachische Ethik*, übersetzt von Olof Gigon, Deutscher Taschenbuch Verlag/Artemis Verlag, München 1991, 1094 b1, 11-14, S. 106.
190 Carl Christian Erhard Schmid kann in diesem Zusammenhang behaupten: Der Ausdruck „Grundsatz" oder „Fundamentalsatz" kann dreierlei Bedeutungen haben: wir können über *logisch-formale*, über *materiale* und über *normale* Grundsätze sprechen. Schmid behauptet: „von einem formalen Grundsatze [...] ist in der reinholdschen Schrift nicht die Rede". Als Beispiel nennt er den Satz des Widerspruches, er kann aber stellvertretend für alle mathematischen Sätze stehen. Carl Christian Erhard Schmid, [Rezension Über das Fundament des philosophischen Wissens, von Carl Leonhard Reinhold], in: *Allgemeine Literatur-Zeitung*, den 9. April 1792, S. 52.
191 Immanuel Kant, *Kritik der reinen Vernunft*, A 731, B 759, a.a.O., S. 778.

Frage? In Rehbergs Rezension hat die Frage zwei Bedeutungen: sie kann erstens auf die Philosophie im Allgemeinen und zweitens auf den ersten Grundsatz der Philosophie im Besonderen bezogen werden. (1) Die *Beiträge* beginnen mit den folgenden Zeilen: „Eine Definition der Philosophie ausfindig zu machen, die auf einem Reichstage der jetzt lebenden Philosophen von Profession durch Mehrheit der Stimmen bestätigt werden sollte, dürfte wohl eines der schwersten Probleme sein, an welche sich ein philosophischer Schriftsteller wagen könnte."[192] Rehberg bemerkt sofort, dass er die Unterscheidung zwischen Philosophie und Mathematik versäumt; d. h., dass die nötigen Konturen der Exaktheit nicht herausgearbeitet werden. Die Frage nach der Definition der Philosophie formuliert Reinhold so: *Was heißt Philosophie?* „Diese Frage ist wohl noch nie so selten aufgeworfen worden, als seitdem man die Philosophie unter uns popularisiert hat."[193] Faustino Fabbinelli merkt dazu an: „Reinhold meint hier die sogenannte ‚Popularphilosophie', d. h. die Phase der deutschen Aufklärung, die sich auf den Empirismus Lockes beruft und durch eklektische Tendenzen gekennzeichnet ist."[194] Ich meine aber, dass wir vor allem die *Funktion* dieses Hinweises beachten sollen: Reinhold meint, dass er durch die Definitionen *gegen* die Popularphilosophie einen Kampf führen kann. Die Beurteilung dieser Verfahrensweise war aber überhaupt nicht einheitlich, Johann Georg Heinrich Feder, einer der Hauptvertreter der *Popularphilosophie* schreibt in seiner Rezension über die *Theorie des Vorstellungsvermögens*: „Warum beliebte es doch diesen Philosophen, nach der Weise des populären Vortrags, und gegen die Regeln der strengen wissenschaftlichen Lehrart, *mit so wenigen Abteilungen*, ihre Räsonnements so lange in einem fortlaufen zu lassen; ohne alle, oder nur mit höchst seltener *Zurückweisung* auf die Grundbegriffe und Grundsätze [...]. Ich weiß zwar wohl, was man auch in der Form der schulgerechten Methode seicht räsonieren kann; und die *affektierte*, *übertriebene* Nachahmung der geometrischen Form in der Philosophie hat nie meinen Beifall gehabt."[195] Die *Definition* der Philosophie lautet: sie ist Wissenschaft desjenigen, was durch das *Vorstellungsvermögen* bestimmt ist. Rehberg will nicht einmal diese Definition anzweifeln: „Die Definition ist [...] in dem Systeme ihres Urhebers brauchbar und gut; allein für eine allgemeingültige Erklärung, dadurch die Einstimmung der philosophischen Parteien befördert würde, kann sie wohl nicht gehalten werden."[196] (Es ist wohl anzumerken, dass Reinhold hier die Begriffe

---

192 Carl Leonhard Reinhold, *Beiträge zur Berichtigung bisheriger Missverständnisse der Philosophen*, a.a.O., 11.
193 Ebd. S. 12.
194 Ebd. S. 326.
195 Johann Georg Heinrich Feder, [Rezension über Versuch einer neuen Theorie des menschlichen Vorstellungsvermögens], in: Faustino Fabbinelli (Hg.), *Die zeitgenössischen Rezensionen der Elementarphilosophie Karl Leonhard Reinholds,* a.a.O., S. 65.
196 August Wilhelm Rehberg, [Rezension über Reinholds Beiträge zur Berichtigung bisheriger Missverständnisse der Philosophen, Bd. I], a.a.O., S. 154.

„allgemeingültig" und „allgemeingeltend" selbst verwechselt hat.) – (2) Im dritten Kapitel der *Beiträge* versucht Reinhold eine Fundamentallehre auszuarbeiten. „Im Bewusstsein wird die Vorstellung durch das Subjekt vom Subjekt und Objekt unterschieden und auf beide bezogen. [...] *Vor* dem Bewusstsein gibt es keinen Begriff von Vorstellung, Objekt und Subjekt, und diese Begriffe sind ursprünglich nur durch das Bewusstsein möglich [...]."[197] Reinhold wollte sehr einfach formulieren, das Verhältnis von Bewusstsein und Vorstellung ist aber trotzdem nicht ganz klar geworden: Ist das Bewusstsein ein Behälter der Vorstellung, oder können beide als identisch betrachtet werden? Wie es auch sein mag, soviel scheint sicher zu sein, dass es hier um einen Begründungszusammenhang geht. Wenn man auch zugibt, dass es hier von einer Art von Definitionen die Rede ist, muss man noch immer feststellen, dass der Ausdruck „Definition" hier zwei verschiedene Bedeutungen hat: erstens geht es um die Frage „was heißt ...?" und zweitens ist die Rede von einem Begründungszusammenhang. – Rehberg verknüpft diese beiden Bedeutungen von „definieren" und kommt dadurch zur Behauptung, dass die monomane Zurückweisung der *Popularphilosophie* Reinhold dazu geführt hat, dass er selbst der kantischen Philosophie widersprechen muss. Das sieht aber Erhard ganz anders. Reinhold hat – seiner Meinung nach – niemals gesagt, dass „der Gegenstand der Philosophie [...] erst durch die Definition derselben gegeben werde".[198] In dieser Behauptung werden die Definition der Philosophie und die Bestimmung ihres Gegenstandes miteinander verknüpft. Erhard meint, dass hier eine Identität im Sinne der Verknüpfung nicht aufrechterhalten werden kann. Die Kritik an der Definition läuft also ins Leere. Der Sinn der reinholdschen Ausführungen war, einen bestimmten Begriff der Philosophie anzugeben. „Man kann nicht wissenschaftliche Philosophie besitzen, ohne einen bestimmten Begriff davon zu haben, weil Philosophie nichts *Gegebenes*, sondern *hervorgebracht* ist."[199] Die Aufgabe der Philosophie besteht also nicht darin, eine gewisse Sphäre der Welt zu beschreiben, sondern darin, eine gewisse Welt hervorzubringen. (Fichte hat später diesen Zusammenhang mit dem Ausdruck des *Setzens* zu erfassen versucht.) Was hervorgebracht wird, muss angegeben werden; es mag wohl sein, dass „Definition" kein angemessener Begriff dafür ist. Erhard verwischt so (wahrscheinlich eher unbewusst) die Unterschiede zwischen dem kantischen Konzept und der Popularphilosophie.

In der jetzt geschilderten *ersten Strategie* beschränkt sich Erhard darauf, eine stilistisch ausgeprägte Gestalt der Rezensionen auszuarbeiten. Wenn die Philosophie gegeben ist, dann kann nur die Methode ihrer Darstellung ausgearbeitet werden. Das war auch im gewissen Sinne die Herausforderung für Reinhold, er

---

197 Carl Leonhard Reinhold, *Beiträge zur Berichtigung bisheriger Missverständnisse der Philosophen*, a.a.O., S. 113.
198 Johann Benjamin Erhard, Prüfung einer Beurteilung der reinholdschen Elementarphilosophie, a.a.O., S. 4.
199 Ebd.

hat aber noch in großen systematischen Werken die wissenschaftliche Philosophie darzustellen versucht; nachdem *das* geschehen ist, bleibt nur noch die Erzeugung der Methode der Rezensionsschreibung. Man kann vielleicht sagen, dass die ursprünglichen Motive von Friedrich Schlegels Aphorismus eigentlich aus Erhards Praxis stammen: „Jede philosophische Rezension sollte zugleich Philosophie der Rezension sein."[200] Damit will ich aber nicht behaupten, dass Erhard eine solche Methode explizit herausgearbeitet hätte, sie kann aber ohne große Schwierigkeiten rekonstruiert werden.[201] – (1) Die Aufgabe einer Rezension ist immer die *Prüfung* eines gewissen Werkes. „Prüfung" heißt soviel wie Beurteilen, sich eine gewisse Meinung bilden. Erhard ist bei der Wortwahl sehr vorsichtig, er möchte das Wort „Kritik" vermeiden, weil es von der kantischen Philosophie reserviert ist. Die wichtigste Regel der Prüfung ist, dass man nicht nur die Endergebnisse und die Resultate vor Augen führen muss, sondern auch den Weg, auf dem der Autor dazu gekommen ist. – (2) Die Gegenstände der Rezensionen sind nicht die Werke der kritischen Philosophie, aber auch nicht die Bücher der Antikantianer, sondern vor allem die affirmativen Kant-Interpretationen. D. h. Werke, die die kantische Philosophie zwar nicht „missverstehen", aber doch „verkennen". Die affirmativen Kant-Interpretationen versteht Erhard als Popularisierungen. Das ist eine ganz andere Auffassung der Popularphilosophie als diejenige, die bei Feder und bei Reinhold festzustellen war.[202] Der Ausdruck „Popularphilosophie" wird der kantischen Philosophie nicht mehr entgegengestellt, sondern einfach auf die affirmative Kant-Interpretation bezogen. Alle „neue Darstellungen" einer richtigen und endgültigen Philosophie gehören notwendigerweise zur *Popularphilosophie*. Die Rezension überschreitet aber die Popularphilosophie, indem sie sie aufhebt. (Die kantische Philosophie, die affirmativen Interpretationen und die Rezensionen bilden eine gewisse Reihe der Potenzierung. Diese Potenzierung spielt später im Programm der Romantik eine entscheidende Rolle, so schon im ersten Athenäums-Fragment: „Über keinen Gegenstand philosophieren sie seltener als über die Philosophie.")[203] – (3) Bei der Prüfung eines Werkes muss man immer einen gewissen Ton benutzen. Gott sei Dank, hat sich der „süße und simulierte Hofton [...] in der Schriftstellerwelt" noch nicht

---

200 Friedrich Schlegel, Fragmente [Athenäums-Fragmente], Nr. 44, in: ders., *Werke in zwei Bänden*, Aufbau Verlag, Berlin und Weimar 1980, S. 194.
201 Dabei werde ich mich vor allem auf die Brastberger-Rezension stützen, vgl. Johann Benjamin Erhard, Rezension von: G.U. Brastberger, Untersuchungen über Kants Critik der reinen Vernunft, *http://tiss.zdv.uni-tuebingen*.
202 Diese Auffassung der *Popularphilosophie* ist später (wie ich schon erwähnt habe) von Reinholds Sohn in einer systematischen Form dargestellt worden. Siehe Anmerkung 160.
203 Friedrich Schlegel, Fragmente [Athenäums-Fragmente], Nr. 1, in: Friedrich Schlegel, *Werke in zwei Bänden*, Bd. I, a.a.O., S. 189.

etabliert.²⁰⁴ Dieser Ton würde von vornherein alle wissenschaftlichen Prüfungen vereiteln. Auf der anderen Seite besteht die Gefahr, dass der Ton zu einer wilden Zurückweisung tendiert. Dazwischen besteht ein gewisser Spielraum: „es [gibt] einen gewissen guten Ton, der auch dem Schriftsteller heilig sein muss".²⁰⁵ Nur in diesem Spielraum kann ein Überzeugen stattfinden, nur hier können Argumente auf ein Verständnis oder Einverständnis hoffen. D. h., dass der Rezensent den Autor in einem gewissen Sinne *schonen* muss: nicht die unverzeihbaren Fehler sind hervorzuheben, sondern eine gewisse Höflichkeit ist gefordert. Dementsprechend beginnt Erhard einer seiner Rezensionen: „Wenige von Kants Gegner haben sich die Mühe genommen, die *Kritik der reinen Vernunft* so [gründlich] zu studieren [...]. [Dieses] Buch kann vielleicht allein, eine Prüfung im eigentlichen Sinne heißen [...]."²⁰⁶

## 2. Programm: Die vorsichtige Auseinandersetzung mit Reinhold

Am 18. Juni 1792 schreibt Reinhold einen Krisenbrief an Erhard. „Ich sehe deutlich ein, dass in dem ersten Teil der Fundamentallehre der Elementarphilosophie Theoreme vorkommen, bei denen ich selbst hätte ausdrücklich zeigen sollen, dass sie nicht unmittelbar aus dem Satze des Bewusstseins, sondern nur *vermittelst* anderer Sätze, die ich [...] ohne Beweis als Aussprüche des *sens commun* aufstellte, erfolgen [...]. Allein jene Aussprüche des gemeinen Verstandes *müssen* schlechterdings lemmatisch in der Elementarphilosophie angenommen werden, da nur vom gemeinen Verstand zur philosophierenden Vernunft übergegangen werden kann."²⁰⁷ Wir wissen, dass Reinhold als Quelle seiner Krise die Einwände von Immanuel Carl Diez und eine Besprechung einer seiner Kollegen, Carl Christian Erhard Schmid, angegeben hat. (Die wichtigste – weil in Buchform veröffentlichte – Kritik stammte aber von Gottlob Ernst Schulze: *Aenesidemus oder über die Fundamente der von dem Herrn Professor Reinhold in Jena gelieferten Elementarphilosophie*. Das hat auch schon Reinholds Sohn so gesehen.²⁰⁸ Das Buch ist wahrscheinlich im Mai oder Juni 1792 erschienen; das Datum am Ende der Vorrede ist der April 1792. Reinhold hat aber erst im Oktober 1792 dieses Buch bei Forberg ausgeliehen und noch gehofft, etwas davon lernen zu können.²⁰⁹ So können wir von einer *unmittelbaren* Rezeption dieses Buches *nicht* sprechen.) – In der oben zitierten Passage des Krisenbriefes geht es darum,

---

204 Johann Benjamin Erhard, Rezension von: G.U. Brastberger, Untersuchungen über Kants Kritik der reinen Vernunft, *http://tiss.zdv.uni-tuebingen*, S. 1.
205 Ebd.
206 Ebd.
207 Immanuel Carl Diez, *Briefwechsel und kantische Schriften*, hg. von Dieter Henrich, Klett-Cotta, Stuttgart 1997, S. 912-913.
208 Ernst Reinhold, *Lehrbuch der Geschichte der Philosophie*, a.a.O., S. 526.
209 Manfred Frank, *„Unendliche Annäherung"*, a.a.O., S. 266.

dass der Satz des Bewusstseins *nicht* fundamental sein kann, weil er als philosophischer Satz schon den „gemeinen Verstand" voraussetzt. Die Theorie des gemeinen Verstandes wird aber von der *Popularphilosophie* ausgearbeitet. Der Einwand, den Reinhold jetzt akzeptiert hat, ist also: *die Popularphilosophie ist gegenüber der Elementarphilosophie fundamental*. Ich meine, dass man behaupten kann, dass trotz aller Anstrengungen die bisherige Forschung das Umfeld dieser Selbstkritik noch nicht hinreichend rekonstruiert hat. Eine solche Auslegung und Benutzung der *Popularphilosophie* ist weder bei Diez, noch bei Schmid zu finden, sie ist aber auch Reinhold ganz fremd. Es kann kaum verwundern, dass diese Selbstkritik bei Erhard auf keinen fruchtbaren Boden gefallen ist. Wenn er einen impliziten Einwand gegen die *Elementarphilosophie* formuliert hat, dann war es der, dass sie die Popularphilosophie – im Sinne der Popularisierung – integriert hat; und alles kommt darauf an, diese *Popularisierung* in den Rezensionen zu überschreiten. Wenn diese Popularisierung auch ein Fehler sein soll, kann man von ihm behaupten, dass er unvermeidbar war. – Ich kehre jetzt noch einmal zu dem obigen Zitat von Reinhold zurück, mit der Ergänzung, dass die Instanzen des gemeinen Verstandes als Fakten und die Instanzen der Philosophie als Prinzipien zu bezeichnen sind. Danach können wir versuchen, das folgende Zitat zu deuten: „Die Elementarphilosophie stellt erst die Prinzipien der Philosophie auf, kann also von keinen solchen Prinzipien ausgehen, sondern von bloßen *Tatsachen* [...]."[210] Diese Aussage steht in einer gewissen Spannung zu dem früheren Zitat: Dort hat Reinhold noch gehofft, durch die lemmatische Einführung der Sätze des *common sense* eine leichte Korrektion beiführen zu können, hier stellt er aber schon alles auf den Kopf; die Elementarphilosophie wird jetzt zu einer gewissen Vorbereitungsphilosophie. Sie geht nicht von Prinzipien aus, sondern muss zunächst die Prinzipien finden.

Erhard hat am 30. Juli 1792 auf den Krisenbrief geantwortet: „Über das, was Sie von der Fundamentallehre sagen, bin ich nun mit Reimarus in Briefwechsel. Ich habe ihm in meinem letzten Brief gezeigt, dass die Philosophie notwendig mit der *Analysis* der reinen Vernunft anfangen müsse, und nicht von *Prinzipien* ausgehen könne [...]."[211] Man kann den Eindruck haben, dass der Brief bei Erhard eine gewisse Erleichterung ausgelöst hat: er war auch schon auf dem Weg zu einer Kritik der Elementarphilosophie, die der Struktur nach der reinholdschen Selbstkritik ganz ähnlich aussieht. Marcello Stamm schreibt dazu: „Man kann rekonstruieren, dass sich Erhard [...] spätestens ab dem Frühsommer 1791, im Zuge einer Rückorientierung zu Kant von dem Programm des methodologischen Monismus Reinholds schrittweise distanzierte."[212] Die These scheint zu stimmen: nicht die Elementarphilosophie ist für Erhard fundamental, sondern die *Analysis*

---

210 Immanuel Carl Diez, *Briefwechsel und kantische Schriften*, a.a.O., S. 913.
211 Karl August Varnhagen von Ense (Hg.), *Denkwürdigkeiten des Philosophen und Arztes Johann Benjamin Erhard*, a.a.O., 343. (Hervorhebungen von mir, J.W.)
212 Immanuel Carl Diez, *Briefwechsel und kantische Schriften*, a.a.O., S. 906.

der reinen Vernunft. Man kann wohl sagen, dass die „Analysis der reinen Vernunft" verkoppelt ist mit einer Rückorientierung zu Kant: „Die Synthesis eines Mannigfaltigen [...] (es sei empirisch oder a priori gegeben), bringt zuerst eine Erkenntnis hervor, die zwar anfänglich noch roh und verworren sein kann, und also der Analysis bedarf; allein die Synthesis ist doch dasjenige, was eigentlich die Elemente zu Erkenntnissen sammelt, und zu einem gewissen Inhalte vereinigt; sie ist also das erste, worauf wir acht zu geben haben, wenn wir über den ersten Ursprung unserer Erkenntnis urteilen."[213] Die ersten Spuren der Distanzierung sind schon im Brief zu spüren, den Erhard am 3. Juni 1791 an Friedrich Immanuel Niethammer geschrieben hat. Da ist von der Aufteilung der Wissenschaften die Rede: Sie „drücken [...] entweder aus, wie etwas sein und geschehen muss: Wissenschaft in enger Bedeutung; oder wie etwas sein und geschehen kann: Theorie; oder wie etwas ist und geschieht oder wie etwas war und geschah: Geschichte."[214] In den *Beiträgen* hat Reinhold selbst eine neue Einteilung der Philosophie vorgeschlagen.[215] Erhards Einteilung weicht davon soweit ab, dass er Niethammer gebeten hat, sie nicht Reinhold zu zeigen. (Später hat Erhard die Einteilung selbst Reinhold zugeschickt und der hat sie erstaunlicherweise gut aufgenommen.) Erhard macht eine Unterscheidung zwischen Philosophie und Theorie. In der Philosophie geht es um die Notwendigkeit, in der Theorie um die Möglichkeit; *die Elementarphilosophie kann also nicht als Theorie bezeichnet werden*. In seiner Antwort auf den Krisenbrief spricht Erhard über eine Person (über Reimarus), mit der er seine Zweifel über die Elementarphilosophie besprochen hat. Reinhold wusste schon davon: „Sie schienen sich mir in Ihrem Briefe vom 16. Juni [1791] in Hamburg, oder vielmehr bei dem *Antikantianer Reimarus*, so sehr zu gefallen, und erwähnten so gar nichts von der Zeit Ihrer Abreise nach Kopenhagen, dass ich wirklich verlegen war, ob ich den Brief nach Hamburg oder Kopenhagen senden sollte."[216] Der Brief vom 19. Oktober 1791 von Reimarus scheint auf interne Diskussionen hinzuweisen: „Gerne möchte ich noch mehr mit Ihnen schwatzen. Geben Sie mir doch ferner Nachricht von dem Fortgange der Wahrheitsforschung. *Herr Reinhold scheint uns doch schon wirkliche äußere Gegenstände zuzugeben, von welchen die Erscheinungen herrühren.*"[217] Man ist nur erstaunt, woher Reimarus diese Information haben kann. Auf jeden Fall ist der Brief von Erhard an Reimarus nicht erhalten, in dem Erhard den Begriff der „Analysis" einführt und erklärt. Der Briefwechsel legt einige Vermutungen nahe: (1) Reinhold *wusste*, dass Erhard mit Reimarus im Kontakt steht und

---

213 Immanuel Kant, *Kritik der reinen Vernunft*, B 103, a.a.O., S. 154.
214 Friedrich Immanuel Niethammer, *Korrespondenz mit dem Herbert- und Erhard-Kreis*, hg., von Wilhelm Baum, Turia & Kant, Wien 1995, S. 47-48.
215 Carl Leonhard Reinhold, *Beiträge zur Berichtigung bisheriger Missverständnisse der Philosophen*, a.a.O., S. 62.
216 Karl August Varnhagen von Ense (Hg.), *Denkwürdigkeiten des Philosophen und Arztes Johann Benjamin Erhard*, a.a.O., S. 305.
217 Ebd. S. 330. (Hervorhebung von mir, J.W.)

qualifiziert ihn als Antikantianer; er weiß auch, dass seine Konzeption zur Diskussion steht. (2) Die oben zitierte Formulierung von Reimarus ist fast wortwörtlich identisch mit der Selbstkritik Reinholds in seinem Krisenbrief. (Ausgenommen, dass der *common sense* nicht erwähnt wird, und das bedeutet, dass der popularphilosophische Hintergrund *nicht* aktualisiert wird.) Wenn diese beiden Vermutungen richtig sind, können wir zu einer sehr gewagten Hypothese kommen: *Der Krisenbrief ist vor allem im Dialog mit Erhard entstanden.* (Friedrich Carl Forberg hat berichtet, dass Erhard „Reinhold nicht wenig durch seine unaufhörliche Einwürfe" geplagt habe, „die dieser niemals hinreichend zu widerlegen vermochte".)[218] Es kann vermutet werden, dass Erhard einige Vorbehalte gegen die Elementarphilosophie in persönlichen Gesprächen *schon* im Frühjahr 1791 geäußert hat. Man kann auch annehmen, dass Reinhold seine eigene Konzeption zu dieser Zeit noch erfolgreich verteidigt hat und verteidigen konnte. Die Einwände von Diez und Schmid werden (ein Jahr später) einen letzten Stoß gegeben haben, nach dem sich Reinhold jetzt an Erhard wendet und sagt: „ich gebe Ihnen jetzt langsam recht". Wenn diese hypothetische Darstellung einigermaßen zutreffend ist, wäre man von der Aufgabe befreit, die Selbstkritik Reinholds mit den Schriften von Diez oder mit der Besprechung von Schmid unterstützen zu müssen. – Auf jeden Fall scheint im Krisenbrief und im Antwortbrief ein interessantes „Spiel" versteckt zu sein. (1) Reinhold versäumt es auf die frühen mündlichen Diskussionen hinzuweisen. Es scheint aber höchst wahrscheinlich zu sein, dass Reinhold im Frühsommer 1792 mehrmals über Erhard gesprochen hat. Nur so konnte er an Erhard schreiben: „Diez schätzt und liebt Sie innigst, und wird Sie, wenn [er] einst Jena verlässt, in Nürnberg aufsuchen."[219] Im Brief fehlen aber die Hinweise darauf, ob er zu Diez auch private Kontakte gehabt hat; der Repetent aus Tübingen hat in den *Kollegien* seine Zweifel geäußert. Es kann so nicht entschieden werden, ob Reinhold in seinen Kollegien, oder eher in privaten Gesprächen Erhard erwähnt hat. (2) Im Antwortbrief schreibt Erhard: „Ich habe [Reimarus] in meinem letzten Brief gezeigt, dass die Philosophie notwendig mit der Analysis der reinen Vernunft anfangen müsse […]."[220] Erhard fühlt sich wahrscheinlich zurückgestellt, und behauptet jetzt, dass er auf ähnliche Ergebnisse gekommen ist. Dieser Hinweis kann aber nicht stimmen: eine Theorie der Analysis hat nämlich Reimarus ausgearbeitet, Erhard konnte sie höchstens übernehmen. Manfred Frank hat den Kontext des Begriffes der „Analysis" ausführlich dargestellt.[221] Er hat gezeigt, dass dieser Begriff Ende der 80er und Anfang der 90er Jahre eine wirkliche Konjunktur erlebt hat. Ich werde aus dieser ideengeschichtlichen Episode jetzt nur einige Momente hervorheben. Im Vorwort der *Theorie*

---

218 Vgl. Manfred Frank, *„Unendliche Annäherung"*, a.a.O., S. 265, Fußnote 29.
219 Immanuel Carl Diez, *Briefwechsel und kantische Schriften*, a.a.O., S. 913.
220 Karl August Varnhagen von Ense (Hg.), *Denkwürdigkeiten des Philosophen und Arztes Johann Benjamin Erhard*, a.a.O., S. 343.
221 Vgl. Manfred Frank, *„Unendliche Annäherung"*, a.a.O., 16. Vorlesung.

*des Vorstellungsvermögens* schreibt Reinhold: „Dass die eigentlichen *Prämissen* einer Wissenschaft erst *nach* der Wissenschaft selbst gefunden werden, ist nichts Neues, sondern eine notwendige Folge des *analytischen Ganges*, der den Fortschritten des menschlichen Geistes durch die Natur desselben vorgeschrieben ist."[222] Daraus geht schon hervor, dass die Analysis die Suche nach den Prämissen einer Wissenschaft bedeutet. An dieser Bedeutung der *Analysis* knüpft Karl Heinrich Heydenreich in seiner Besprechung an: „Wenn [...] die Theorie der *Sinnlichkeit*, des *Verstandes*, und der *Vernunft* richtig und vollständig entwickelt worden, wie es denn von Kant geschehen, so ist die Analyse des Allgemeinbegriffs *Vorstellung*, freilich für den Denker immer etwas Interessantes, gleichsam ein philosophisches Kunststück, aber nicht unumgänglich nötig, nicht Bedürfnis für den Forscher des Erkenntnisvermögens."[223] D. h., dass trotz der hochinteressanten Auslegung der Vorstellung, das ganze Unternehmen doch irrelevant ist. Warum aber eigentlich? „Die *Vorstellung* und das *Vorstellungsvermögen* sind nicht das *prius*, sondern das *posterius*, und können auf keine Weise *Prämissen* für die Wissenschaft des Erkenntnisvermögens abgeben."[224] Es ist leicht einzusehen, dass die *Analysis* immer auf Prämissen bezogen ist: Reinhold meint, dass die Analysis die *Suche* nach Prämissen ist (so möchte er die kantische Philosophie neu darstellen). Heydenreich meint hingegen, dass die Analysis so viel bedeutet, wie Ableiten aus gewissen Prämissen. (Reinholds Sohn benutzt den Ausdruck „Analysis" auch mit dieser Zweideutigkeit: einerseits sagt er, dass die Analysis zu einem obersten Grundsatz zurückführen muss, und andererseits behauptet er, dass die Analysis die „allgemeinen unwandelbaren Eigentümlichkeiten und Verhältnisse des Seins zur Deutlichkeit [...] entwickeln soll".)[225] Heydenreich hat in einem Brief an Reinhold, am 7. Juni 1790, geschrieben:[226] „Des harten Druckes von tausenderlei Arbeiten ungeachtet bin ich Ihre Theorie schon ganz durchlaufen; studiert habe ich sie noch nicht. Die Schärfe ihrer *Analysis*, und die große Kunst, die Genesis unserer Erkenntnisse, welche den meisten bei Kant nur eine Reihe toter *entium rationis* scheinen muss, in einem Spiele lebendiger Kräfte [...] darzustellen, sind indessen bereits für mich Ideal geworden. Nächstens mehreres."[227] – Reinhold hat seine Philosophie sowohl als *Analysis* als auch als *Theorie*

---

222 Carl Leonhard Reinhold, *Versuch einer neuen Theorie des menschlichen Vorstellungsvermögens*, a.a.O., S. 67. (Die letzte Hervorhebung von mir, J.W.)
223 Karl Heinrich Heydenreich, [Rezension über Reinholds Versuch einer neuen Theorie des menschlichen Vorstellungsvermögens], in: Faustino Fabbinelli (Hg.), *Die zeitgenössischen Rezensionen der Elementarphilosophie Karl Leonhard Reinholds*, a.a.O., S. 56.
224 Ebd. S. 56-57.
225 Ernst Reinhold, *Lehrbuch der Geschichte der Philosophie*, a.a.O., S. 513 + 530.
226 Der Brief ist an demselben Tag geschrieben worden, an dem die Rezension in der Zeitschrift *Neue Leipziger gelehrte Anzeigen* erschienen ist.
227 Zitiert nach: Carl Leonhard Reinhold, *Beiträge zur Berichtigung bisheriger Missverständnisse der Philosophen*, a.a.O., S. 412-413.

bezeichnet. Die Spannung zwischen Heydenreich und Reinhold hat Erhard aufzuheben versucht. Zunächst wollen wir aber zeigen, dass Erhard diese Diskussion gekannt haben muss. In einem Brief an Reinhold, am 4. Mai 1791 schreibt er: „,Sobald die Vorstellung aber ein Objekt hat, so ist sie eine Anschauung, und die Vorstellung überhaupt ist das Abstraktum von Sinnlichkeit, Verstand und Vernunft, und sie kann daher nur nach der Entwicklung von diesem bestimmt und einige Reflexionen darüber angestellt werden', so sagte Herr Heydenreich zu mir [...]. Was ich dagegen sagte, erraten Sie, ohne dass ich es Ihnen schreibe."[228] Erhard versucht hier noch Reinhold zu beruhigen: er steht auf seiner Seite. Die Diskussion hat ihn aber tief beeindruckt, er versucht jetzt die Positionen zu trennen: Die Analysis ist die *Suche* nach Prämissen, und die Theorie ist die *Ableitung* aus Prämissen. (Theorie ist also Analysis, wie Heydenreich sie verstanden hat.) Das bedeutet, dass die Analysis eine gewisse vorbereitende Funktion bekommt, und die Theorie mit der Darstellung der endgültigen Philosophie identifiziert werden kann. Diese Trennung wirft dann die folgende Frage auf: Hat Reinhold sein philosophisches Unternehmen richtig eingeschätzt? Dazu kann eine wichtige Passage aus dem Krisenbrief zitiert werden: „Das System der reinen Elementarphilosophie [...] kann und darf nie Theorie heißen."[229] Das klingt so, wie ein Zitat von Erhard, das vielleicht aus einem früheren Brief stammen könnte. (Das scheint mir sogar wahrscheinlich zu sein, obwohl uns kein entsprechender Brief vorliegt.) Reinhold fügt dann hinzu: „Aber ich kann dabei auch den Namen der *Analysis* missen, der mir nichts [als das] ganze eigentliche Geschäft [...] zu charakterisieren scheint: obwohl er die Entwicklung dabei freilich richtig ausdrückt."[230] Reinhold will die beiden Termini nicht voneinander trennen, obwohl er selber zu ihrer inhaltlichen Trennung beigetragen hat.

Erhard hat m. E. *viel* von der Diskussion zwischen Reinhold und Heydenreich profitiert, er weist aber trotzdem auf einen (uns nicht zugänglichen) Brief an Reimarus hin. Es geht um Johann Albert Heinrich Reimarus (um den Sohn des berühmten Philosophen der deutschen Aufklärung, Hermann Samuel Reimarus), der in Hamburg lebte und den Erhard ungefähr Mitte Juni 1791 in Hamburg besucht hat. Es scheint wahrscheinlich zu sein, dass Erhard unmittelbar aus Leipzig kommend die Gespräche mit Heydenreich fortgesetzt, bzw. aufgearbeitet hat. Reimarus hat 1787 ein Buch veröffentlich, mit dem Titel, *Über die Gründe der menschlichen Erkenntnis und der natürlichen Religion*. Da lesen wir: „In der Tat bedient sich auch der Mathematiker immer einer Voraussetzung, wenn er Fortschritte in seiner Wissenschaft macht."[231] (Eine ähnliche Meinung hat auch

---

228 *Denkwürdigkeiten des Philosophen und Arztes Johann Benjamin Erhard*, a.a.O., S. 301-302.
229 Immanuel Carl Diez, *Briefwechsel und kantische Schriften*, a.a.O., S. 911.
230 Ebd. S. 911-912.
231 Johann Albert Heinrich Reimarus, *Über die Gründe der menschlichen Erkenntnis und der natürlichen Religion*, Hamburg 1787. § 21, S. 42.

Johann Christoph Schwab vertreten in seinen Schriften über die Meta-Mathematik, die aber Erhard mit großer Wahrscheinlichkeit nicht gekannt hat.)[232] Das verschiebt noch einmal die sich formierende Kritik an Reinhold: Es geht jetzt nicht nur darum, dass Reinhold den Charakter seiner Elementarphilosophie verkannt hat: sie ist keine Theorie, sondern nur eine Analyse. D. h., sie geht *nicht* von Prämissen aus, sondern sie *sucht* erst nach Prämissen. Wenn von einer Prämisse (oder von einem Grundsatz) ausgegangen wird, sind auch immer unthematisierte Voraussetzungen im Spiel. Es ist schwer zu sagen, woher Reinhold diese Kritik gekannt haben mag (es sind zahlreiche Briefe verloren gegangen, es können auch persönliche Vermittlungen stattgefunden haben usw.). Auf jeden Fall meine ich behaupten zu können, dass der Kontext von Reinholds Selbstkritik durch die philosophische Entwicklung Johann Benjamin Erhards vorbereitet wurde.

In der Antwort an Reinholds Krisenbrief gibt es noch eine schwer zu verstehende Äußerung: „[Dem Begriff der Analysis] liegt die Ungereimtheit zum Grunde: es könne etwas über Philosophie durch Prinzipien, die nicht selbst in die Philosophie gehören ausgemacht werden. Dieser Kanon: ‚Alles über die Philosophie gehört zugleich in die Philosophie', muss jedem, der sich mit den ersten Prinzipien derselben abgeben will, beständig vor Augen schweben, sonst verliert er sich in zu nichts führende Grübeleien und hascht nach einer Philosophie der Philosophie."[233] Es scheint zunächst, als ob sich eine kantische Dualität reproduzieren würde: „Die Philosophie der reinen Vernunft ist nun entweder *Propädeutik* (Vorbereitung), welche das Vermögen der Vernunft in Ansehung aller reinen Erkenntnis a priori untersucht, und heißt *Kritik*, oder zweitens das System der reinen Vernunft (Wissenschaft), die ganze (wahre sowohl als scheinbare) philosophische Erkenntnis aus reiner Vernunft im systematischen Zusammenhange, und heißt *Metaphysik* [...]."[234] Reinhold hat – in einer gewissen Phase – sein Verdienst darin gesehen, dass er die „Hauptmomente der kritischen Philosophie" auf einen „allgemeingeltenden Grund" zurückgeführt hat.[235] Erhard geht noch einen Schritt weiter: die Frage ist, ob dieser allgemeingeltende/allgemeingültige Grund *gegeben ist*, und man daraus die Philosophie ableiten kann (Theorie), oder ob man erst diesen Grund suchen muss (Analysis). In dieser radikalen Form wird – der Struktur nach – die Dualität von Kant reproduziert. Wir wissen, dass einer der Hauptmomente von Hegels Kant-Kritik eben gegen diese Dualität gerichtet war. In der Einleitung zur *Phänomenologie des Geistes* hat Hegel die These vertreten, dass der „Weg zur Wissenschaft selbst schon *Wissenschaft*" sei.[236] (Wir

---

232 Manfred Frank, *„Unendliche Annäherung"*, a.a.O., S. 327.
233 Karl August Varnhagen von Ense (Hg.), *Denkwürdigkeiten des Philosophen und Arztes Johann Benjamin Erhard*, a.a.O., S. 343.
234 Immanuel Kant, *Kritik der reinen Vernunft*, B 841, a.a.O., S. 845.
235 Vgl. Carl Leonhard Reinhold, *Beiträge zur Berichtigung bisheriger Missverständnisse der Philosophen*, a.a.O., S. 184.
236 Georg Wilhelm Friedrich Hegel, *Phänomenologie des Geistes*, in: ders., *Werke*, Bd. 3, a.a.O., S. 80.

wissen, dass die Wissenschaft bei Hegel schlicht identisch ist mit der Philosophie.) Es gibt also keine *Vorbereitung* der Philosophie, die Vorbereitung gehört immer schon *in die* Philosophie. Das ist eine sehr große Herausforderung, auf die die ganze Konstruktion der *Phänomenologie des Geistes* antworten möchte. Erhard hat mit Sicherheit keine solche Konstruktion vor Augen. Wieso konnte aber Erhard eine Einheitlichkeit fordern, nachdem er die Möglichkeit der Dualität erst radikalisiert hat? Es scheint besonders schwierig, diese Frage zu beantworten. Man muss aber vor Augen halten, dass Erhard *kein* ausgeprägtes Konzept der reinholdschen „Theorie" entgegengestellt hat. Die „Konzeption" von Erhard hat zwei Seiten:
a) eine immanente Kritik an Reinhold, die auf der Unterscheidung zwischen Theorie und Analysis beruht, und
b) eine Forderung, die diese Dualität wieder aufhebt.
Dass Erhard auch diesen zweiten Aspekt vor Augen gehabt hat, sieht man daran, dass er letztendlich *keine* „Theorie" für möglich gehalten hat. Nur eine „Analysis" ist möglich, deren wichtigster Begriff die „Suche", das Auf-dem-Weg-sein ist. An diesem Punkt weicht aber Erhard von Hegel ab, der in der *Phänomenologie des Geistes* behauptet hat, die Philosophie ist nicht mehr die Suche nach der Wahrheit, sondern bewegt sich immer schon im Medium der Wahrheit. Da würde Erhard eher mit Friedrich Schlegel einig sein: „Man kann nur Philosoph werden, und nicht es sein. Sobald man es zu sein glaubt, hört man auf es zu werden."[237] Das bedeutet, dass die Grundsätze (oder das Absolute) niemals gefunden werden kann.[238]

### 3. Programm: Die Philosophie der Medizin

Im Krisenbrief von Reinhold (geschrieben am 18. Juni 1792) lesen wir die folgenden Zeilen: „Diez schätzt und liebt Sie innigst, und wird Sie, wenn [er] einst Jena verlässt, in Nürnberg aufsuchen. *Er sieht mit mir Ihrer Disputation mit Sehnsucht entgegen.*"[239] Das heißt, dass Erhard im Spätfrühjahr oder Frühsommer 1792 in seine Heimatstadt, nach Nürnberg zurückgekehrt ist, und seine Promotion vorbereitet. Der Antwortbrief beginnt mit einem Hinweis: „Sie erhalten hier zwölf Stücke meiner Dissertation zu Ihrer Disposition, ich halte nicht für nötig darauf zu schreiben, wer eine haben soll, weil meine jüngeren Freunde in Jena auch sämtlich von Ihnen geliebt werden. Es sind einige Druckfehler stehen

---

237 Friedrich Schlegel, Fragmente [Athenäums-Fragmente], Nr. 54, in: ders., *Werke in zwei Bänden*, Bd. 1, a.a.O., S. 196.
238 Der Herausgeber von Erhards Schriften, Varnhagen von Ense hat das Buch Hegel gewidmet; und er hat recht gehabt, Erhards Programm ist eine interessante Auseinandersetzung mit Hegels Schriften, die er noch gar nicht gekannt hat.
239 Immanuel Carl Diez, *Briefwechsel und kantische Schriften*, a.a.O., S. 913.

geblieben, die aber leicht von selbst verbessert werden. Da ich so bald als möglich in Ordnung kommen wollte, so ist sie, was den Ausdruck betrifft, ein Werk der Eile und ein Kind der Notwendigkeit."[240] Man würde vermuten, dass Erhard jetzt seine Ideen über die „Analysis" ausarbeiten möchte, aber nichts dergleichen geschieht; über die Ursachen kann man nur rätseln. Es mag sein, dass er erkannt hat, dass sein Programm viele Fragen noch offen lässt. Oder er wollte keinen öffentlichen Konflikt mit Reinhold, er hat sich nur in den Briefen und vielleicht in persönlichen Gesprächen gegen den Meister geäußert. Wie es auch sein mag, Erhard hat sich entschlossen in der Medizin zu promovieren, an der Universität Jena mit der Unterstützung Reinholds. (Auf der Tagung 2004 in Tübingen – mit dem Titel *Kant und die erste Kant-Rezeption* – hat Dieter Henrich Erhards *eigentliches* philosophisches Programm in der philosophischen Begründung der Medizin als Einzelwissenschaft gesehen.) Wir wissen aus unterschiedlichen Quellen, dass Reinhold Erhard sehr geschätzt hat und als seinen begabtesten Schüler angesehen hat. „Sie müssen wissen, was ich von Ihnen denke – der so viele kalte ruhige parteilose Vernunft mit einem so warmen Herzen verbindet. Vermutlich kommt es daher, weil Licht und Wärme bei Ihnen aus einer Quelle fließt."[241] Der Bezugspunkt dieser Zeilen ist vor allem das Rezensionsschreiben, und nicht die mögliche Auseinandersetzung mit der Elementarphilosophie. Erhard hat sich von seiner Promotion viel erwartet, er wollte wahrscheinlich Professor an der Universität Jena werden. Reinholds Meinung kam dann als totaler Niederschlag: „Ich begreife nicht, warum Sie *Ihre* Urteile über Religion, Philosophie und Arznei*wissenschaft diesen* Leuten, und noch dazu so hinzuwerfen, *beliebt* haben. [...] Ein Mann, der der gelehrten Welt so viel Neues zu sagen hat, als Sie, mein Erhard, muss den Schein der Paradoxie, den er ohnehin nicht vermeiden kann, wenigstens nicht zu suchen *scheinen*."[242] Wir kennen die Dissertation nicht, können uns von ihr nur durch diese Beschreibung ein Bild machen. Der Ausdruck „diesen Leuten" mag darauf hindeuten, dass Erhard seine Dissertation nicht bei den Philosophen, sondern bei den Medizinern eingereicht hat. Und ihnen hat er – laut Reinhold – ein überhebliches Spiel mit Texten und Gedanken präsentiert. Die aufgezählten Themen bringen uns auch in Verlegenheit; über Religion hat Erhard noch nichts geschrieben, und wir wissen auch nicht, dass er sich für Fragen der Religion besonders interessiert hätte. Es kann aber natürlich sein, dass Reinhold diesen Schwerpunkt nur in die Arbeit hineininterpretiert. Anhand späterer Arbeiten kann vermutet werden, dass das Thema der Dissertation die *Beziehung* zwischen Philosophie und Medizin war. Die Überheblichkeit ist vor allem daran zu sehen, dass er eine paradoxe Zuspitzung der Thesen vorführt. Wahrscheinlich ist aber diese Zuspitzung auf eine innere Unsicherheit zurückzu-

---

240 Karl August Varnhagen von Ense (Hg.), *Denkwürdigkeiten des Philosophen und Arztes Johann Benjamin Erhard*, a.a.O., S. 342-343.
241 Ebd. S. 306.
242 Ebd. S. 345.

führen, d. h., dass nach Reinhold jetzt auch Erhard in eine philosophische Krise fällt. Erhard hat keine andere Wahl, als die Kritik Reinholds zu akzeptieren: „Ihr Urteil über [meine Dissertation] ist nach meiner Meinung richtig, und ich gestehe, dass ich mich von üppiger Laune hinreißen ließ. Diese Laune ist aber bei mir leider noch mächtig, und niemand kann das *Difficile est satyram non scribere* stärker empfinden als ich [...]."[243] Diese Laune würde man heute wahrscheinlich als Depression bezeichnen; Erhard versucht sich nicht einmal zu verteidigen, sondern versucht eher die frühere Hochschätzung Reinholds zu relativieren. „Das Neue, was ich der Welt zu sagen habe, ist gewiss schon sehr alt, und besteht in wenigen Worten, hier sind sie: ‚*Eure* Gerechtigkeit ist Gewohnheit, eure Staatskunst Viehzucht, eure Religion Abgötterei, und eure Philosophie Disputierkunst.' Dies wäre alles, was ich *denen* zu sagen habe [...]."[244] Die Depression Erhards hat einen masochistischen Charakter angenommen.

Noch mehr als die fachliche Kritik mag Erhard getroffen haben, was Reinhold ihm über seine Berufschancen geschrieben hat: „Da Sie, wie ich aus Ihrem Briefe sehe, die Laufbahn eines akademischen Lehrers zu betreten gesonnen sind, so müssen Sie die Dozenten überhaupt, oder vielmehr Ihre Meinung bei denselben menagieren, wenn Sie nicht wollen, dass *Ihnen* jede offene Stelle versperrt wird."[245] Nicht nur inhaltliche Fehler, sondern auch taktische Defizite belasten die Dissertation: Erhard hat sich fast mit dieser Arbeit im Hochschulbereich für immer disqualifiziert. Jetzt kommt aber eine interessante Wende im Brief: Reinhold hat bisher Erhard kritisiert und gewarnt, jetzt gesteht er, dass er selbst diesen taktischen Fehler schon öfters begonnen hat. „Ich habe es mit allen meinen Kollegen im heiligen Römischen Reiche deutscher Nation verdorben; habe daher bei so vielen Agenturen von allen Seiten nie einen Ruf oder auch nur einen Wink anders wohin erhalten, und werde Gott danken müssen, wenn ich in Jena mein Stück Brot [...] bis an mein Ende behalten kann."[246] (Reinhold ist zu dieser Zeit durch den Tod seines kleinen Sohnes in eine existenzielle Krise geraten.) Reinholds Brief hat auf jeden Fall eine sehr interessante Dramaturgie: Erstens erhebt er eine inhaltliche Kritik, dann spricht er über die taktischen Fehler und schließlich kommt er zu seinem eigenen Wunsch, aus Jena weggehen zu können. (Nach einem guten Jahr hat sich der Wunsch erfüllt, Reinhold hat einen Ruf nach Kiel bekommen und ist ihm auch gefolgt.) Diese ganze Dramaturgie schließt Reinhold mit dem folgenden Satz ab: „Mein Wunsch, mit Ihnen zu leben, dürfte also in Jena nicht erfüllt werden können."[247] D. h., beide werden nicht zusammen in Jena Professoren werden oder werden können. Darauf antwortet Erhard: „Ich [...] habe daher auch das Projekt, [mir] eine Lehrstelle zu verschaffen, schon aufgege-

---

243 Ebd. S. 347.
244 Ebd. (Hervorhebung von mir, J.W.)
245 Ebd. S, 345.
246 Ebd.
247 Ebd. S. 346.

ben."[248] Karl August Varnhagen von Ense hat in seiner Ergänzung zur Lebensbeschreibung von Erhard behauptet, dass er im Juli 1792 in Altorf die Doktorwürde annahm. Man hat zunächst das Gefühl, dass diese Datierung falsch sein muss: erst am 30. Juli hat er seine Dissertation an Reinhold geschickt. Aber Erhard hat ja auch selbst über seine Promotion geschrieben: „Meine Disputation wurde über eine Dissertation, die einen Teil von meinem Organon der Heilkunde unter dem Titel: ‚*Idea organi medici*‘ enthielt, gehalten […]. Ich wurde […] doch zur Disputation zugelassen und promoviert. Ich weiß mir nur aus meiner melancholischen Gemütsstimmung […] zu erklären, dass mich mein Examen weniger belehrte, als mein Streit mit meiner Großmutter über die Gespenster […]."[249] Es ist einigermaßen interessant, dass diese Promotion in dem Briefwechsel gar nicht vorkommt, Erhard hat sie wahrscheinlich nur als Vorbedingung für die Begründung einer medizinischen Praxis angesehen. Wichtig für ihn wäre eine *zweite Promotion* in Jena gewesen, aufgrund derer er eine wissenschaftliche Karriere beginnen wollte.

Erhard hat – das kann mit Sicherheit behauptet werden – zwei unterschiedliche Dissertationen eingereicht. Seine Beschäftigung mit der Medizin (aus einer philosophischen Perspektive) hat er in seinem Aufsatz *Über die Medizin. Arkesilas an Ekdemus* fortgesetzt.[250] In seiner Lebensbeschreibung äußert er sich dazu: „Durch ein freies Spiel meiner Geisteskräfte mit allen Gegenständen des Wissens und Könnens, unter dem Titel: Arkesilas, wollte ich mich teils auch erholen, teils der Welt meine Stärke in der Dialektik zeigen."[251] Vor allem fällt das Wort „erholen" auf; wovon wollte er sich erholen? Doch nicht von der Krise Mitte 1792, die lag jetzt schon lange zurück. Er wollte sich vor allem *befreien* von der Krise der Philosophie. In diesem Sinne beginnt auch der Aufsatz: „Lieber Ekdemus, du glaubst in dem Studium der Medizin Trost zu finden, nachdem ich dir die Schwächen der Philosophie gezeigt habe. Sie ist, glaubst du, auf Erfahrung gegründet, leistet der Menschheit vielen Nutzen, und gewehrt ihren Besitzer Ehre und Reichtum."[252] Der Aufsatz ist also ein Selbstgespräch: Arkesilas sieht die Fehler der Philosophie, Ekdemus meint, dass diese Fehler in einer Wissenschaft, wie in der Medizin aufgehoben werden können. Die Stichworte der Vorteile sind: Erfahrung – Nutzen – Ehre. Es wäre eine relativ einfache Diskussion, wenn Philosophie und Wissenschaft (Medizin) als zwei gleichrangige Pole dargestellt würden. Dann würde sich eine Spannung ergeben, die kaum aufgelöst werden könnte. Es gibt aber zwischen Philosophie und Wissenschaft einen doppelten Be-

---

248 Ebd. S. 347.
249 Ebd. S. 35.
250 Johann Benjamin Erhard, Über die Medizin. Arkesilas an Ekdemus, in: *Der neue Teutsche Merkur* 8. Stück, August 1795.
251 Karl August Varnhagen von Ense (Hg.), *Denkwürdigkeiten des Philosophen und Arztes Johann Benjamin Erhard*, a.a.O., S. 35.
252 Johann Benjamin Erhard, Über die Medizin. Arkesilas an Ekdemus, a.a.O., S. 337.

zug: (1) die Philosophie hat Praxis-Defizite, die durch die Wissenschaften korrigiert werden (darauf deutet der erste Satz hin); (2) die Philosophie ist eine Wissenschaftstheorie, und kann so die Methode der einzelnen Wissenschaften beurteilen. – Dadurch kann erst eine Diskussion beginnen. Die Philosophie behauptet, dass das Ziel aller Wissenschaften die Gewissheit ist. Die Gewissheit kann aber eine Wissenschaft nur dann erreichen, wenn sie aus eindeutigen Begriffen ausgehen kann. „Kann wohl eine Wissenschaft große Gewissheit versprechen, die nicht einmal einen Begriff ihres Objekts aufzuweisen hat? Das Objekt der Medizin als Wissenschaft ist doch wohl der kranke Mensch? Wie ist aber der Kranke von dem Gesunden zu unterscheiden? Dass er nicht gesund ist, das sieht jedermann, und er selbst merkt es am besten: aber worin sein innerer Zustand von dem Zustand eines Gesunden verschieden sei, darüber hat man sich entweder gar keine Rechenschaft zu geben gesucht, oder sich mit Hypothesen begnügt."[253] Die Philosophie tritt so als Überprüferin der Wissenschaften auf, und stellt dann fest, dass sie (die Wissenschaften) *keine* klaren und eindeutigen Begriffe benutzen. Man könnte dann argumentieren, dass die Medizin gar keine Wissenschaft sei, sondern vielmehr als eine Kunst anzusehen ist, die „nur vom Genie erlernt, nur vom Genie ausgeübt werden kann".[254] Was bezeichnet aber Erhard als Kunst? In der frühen Aufteilung der Wissenschaften sagt Erhard über die Künste, dass sie sich entweder auf unsere Geisteskräfte oder auf unsere Bedürfnisse beziehen. Zur letzten Gruppe gehören die Ökonomie und die Heilkunst; Künste sind Darstellungen von gewissen Vorstellungen, die zu einem Ganzen verbunden sind, und auf einem einzigen Grund beruhen.[255] Der Grund hat einen zweideutigen Sinn: er ist nicht nur die Basis, sondern auch der Zweck der Wissenschaft. Es gibt also reine Wissenschaften, deren Tätigkeit Selbstzweck ist, und es gibt Künste, die auf ein äußerliches Ziel gerichtet sind. Die Unterscheidung folgt der aristotelischen Aufteilung: im 6. Buch der *Nikomachischen Ethik* beschreibt Aristoteles die Wissenschaft und die Kunst wie folgt:
(a) „Die Wissenschaft ist [...] ein beweisendes Verhalten [...]."[256] „Der Gegenstand [der] Wissenschaft besteht also aufgrund von Notwendigkeit. Er ist also ewig, und was ewig ist, ist unentstanden und unvergänglich."[257]
(b) „Die Kunst ist [...] ein mit richtiger Vernunft verbundenes hervorbringendes Verhalten [...]."[258] Der Gegenstand der Kunst ist die Zufälligkeit; er ist also zeitlich, und was zeitlich ist, ist vergänglich. Diese Bestimmung ist zwar

---

253 Ebd. S. 339.
254 Ebd. S. 374.
255 Friedrich Immanuel Niethammer, *Korrespondenz mit dem Herbert- und Erhard-Kreis*, hg. von Wilhelm Baum, a.a.O., S. 47.
256 Aristoteles, *Die Nikomachische Ethik*, a.a.O., S. VI. Buch, 3. Kapitel.
257 Ebd.
258 Ebd.

nicht falsch, die Kunst kann aber in erster Linie nicht durch den Gegenstand bestimmt werden, weil er erst noch *hervorgebracht* werden muss.
Bei Erhard gehören zur Wissenschaft die Philosophie und die „Mathesie". Die Philosophie ist durch das Vorstellungsvermögen, die Mathesie durch die transzendentale Einbildungskraft bestimmt.[259] Für uns ist jetzt aber viel wichtiger, dass Erhard in dieser Aufteilung *nicht* sagt, dass die Wissenschaften durch ein Verfahren gekennzeichnet sind, das alles von einem Grund ableitet. Man könnte vielleicht ganz lapidar sagen, dass Künste auf ein äußerliches Ziel bezogene Wissenschaften sind. Wenn man voraussetzt, dass die Wissenschaften schon selbst auf einen Grund beruhen, kann man die Künste durch ihre Unbegründetheit kritisieren. Erhard arbeitet aber noch mit einem anderen Zusammenhang. Er suggeriert, dass das Begründetsein und die Ausrichtung auf ein Ziel sehr eng miteinander verknüpft sind. Die weiteren Zusammenhänge sind aber dann nicht mehr klar: ruiniert die Zielrichtung die Begründung, oder spricht die fehlende Begründung gegen eine praktische Nützlichkeit? Man kann nur vermuten, dass für Erhard der zweite Zusammenhang der bedeutendere war. Deswegen kann die Medizin nichts bewirken, wenn sie nicht sagen kann, *was* eigentlich unter „Gesundheit" zu verstehen ist. Es fällt aber auf, dass Erhard im *Arkesilas-Aufsatz* den Begriff der „Kunst" ein bisschen anders versteht. Kunst ist weiterhin angewandte Wissenschaft, die Anwendung wird aber jetzt verinnerlicht: Kunst kann „nur vom Genie erlernt, [und] nur [von ihm] ausgeübt werden".[260] In der Anwendung liegt eine gewisse Kreativität, die überhaupt keine Regel kennt. „Die Medizin sei also eine Kunst! – Wir wollen zuerst untersuchen, von welcher Art der Künste sie sein müsse, und dann sehen, ob es ihr gelingen kann, sich in diesem Range zu behaupten."[261] Es gibt zwei Arten von Kunst, nämlich die mechanische und die freie Kunst. Die Medizin ist keine mechanische Kunst, in dem die Regel und das Verfahren bestimmt wäre, wie z. B. in der Tätigkeit eines Schusters. In der freien Kunst werden die Regel und das Verfahren durch das Genie bestimmt. „Jede Kunst des Genies muss einen Stoff haben, der von ihr eine Form enthält, die dann, in Verbindung mit dem gegebenen Stoff, das Objekt ausmacht, dessen Hervorbringung der Künstler zum Zweck hat."[262] Der Stoff der Medizin ist der kranke Körper; die Form, die dem Stoff gegeben werden soll, ist die Gesundheit. Damit haben wir eine begriffliche Konstellation eingeführt, in der Erhard letztendlich zu dem folgenden Ergebnis kommt: „Die Medizin ist also eine Kunst des Genies; die den Stoff, den sie behandeln soll, nicht kennt; die nicht die geringste

---

259 Friedrich Immanuel Niethammer, *Korrespondenz mit dem Herbert- und Erhard-Kreis*, a.a.O., S. 48.
260 Ebd.
261 Johann Benjamin Erhard, Über die Medizin. Arkesilas an Ekdemus, a.a.O., S. 374.
262 Ebd. S. 376.

Freiheit in der Form hat, die sie ihm geben soll [...]."[263] Die Medizin als Wissenschaft oder Kunst ist also nicht zu rechtfertigen.

Auf Erhards Studie hat Christoph Wilhelm Hufeland (Professor für Medizin an der Universität Jena) geantwortet. „Wenn aber zu Ende des achtzehnten Jahrhunderts, zu einer Zeit, wo diese Wissenschaft so sehr gereinigt und vervollkommnet ist, und wo der größte Teil der Ärzte, seines hohen Berufes sich bewusst, mit edler Tätigkeit und wahrer praktischer Menschenliebe für das Wohl seiner leidenden Brüder sich aufopfert, ein Mensch auftritt, der mit der Miene eines kantischen Philosophen die Nichtigkeit und Unvernunft der ganzen Medizin zu beweisen sucht, die Ärzte selbst mit den gehässigsten Farben schildert, der Empirie das Wort redet, und das so eben erst durch vernünftige Aufklärung erweckte Zutrauen des Publikums zur rationellen Medizin durch allerlei Scheingründe irre zu machen sucht, und das alles nicht im Tone ruhiger Prüfung sondern der Leidenschaft – dann muss wohl jeder Freund der Menschheit und der Wahrheit indigniert werden, und die wahre Medizin, so wie das Beste der Menschheit, wird durch einen solchen Angriff nicht gewinnen, sondern verlieren."[264] Dieser Angriff hat vor allem Erhard deswegen so tief getroffen, weil seine aufklärerischen Intentionen in Frage gestellt wurden: er wollte eigentlich im Dienste der Menschheit eine Arbeit leisten. Hufelands Kritik ist deswegen so wichtig, weil sie zeigt, dass sich Erhards Ansichten geändert haben. Erhard verteidigt sich in drei Punkten. (1) Er hat mit Erstaunen gesehen, dass Hufeland seinen Aufsatz so gelesen hat, dass er die rationelle Medizin angegriffen hat. Hufeland meint, dass einer der wichtigsten Verkörperungen der Aufklärung in der Medizin zu sehen ist. „Freilich in dem Sinne, wie man sich anmaßte eine rationelle Psychologie und Kosmologie zu besitzen, gibt es auch keine rationelle Medizin: aber in dem Sinne, wie ich hoffe, dass sie das nahmen, beruht ja meine ganze Forderung darauf, dass sie rationell *werden soll.*"[265] Das ist eine übliche Diskussionstechnik von Erhard; es steht im Text gar nicht dort, oder steht nicht so dort, wie es gelesen wurde. Daran ist nicht zu zweifeln, dass bei ihm die Medizin aus rationellen Regeln und Verfahren besteht. Die Genialität besteht nur in der Auswahl und in der Bestimmung der Verfahrensweisen. Umso schlimmer: es gibt bei Erhard keine normative Perspektive für die Entwicklung der Medizin. (2) Hufeland hat geahnt, dass hinter der Kritik der (rationellen) Heilkunst eine bestimmte Philosophie steht: d. i. die *kantische Philosophie*. Darauf antwortet Erhard: „Die kantische Miene, die Sie in meinem Aufsatz fanden, ist bloß in Ihrer Fantasie; oder geben sie mir doch die Stelle an, die ein Leibnizianer nicht ebenso gut [...]

---

263 Ebd. S. 377.
264 Christoph Wilhelm Hufeland, Ein Wort über den Angriff der rationellen Medizin, in: *Der Neue Teusche Merkur*, Oktober 1795, S. 139.
265 Johann Benjamin Erhard, An Herrn Rath Hufeland in Jena, in: *Der Neue Teutsche Merkur*, Januar 1796, S. 79.

hätte schreiben können?"²⁶⁶ Das kommt wie eine Haarspalterei vor; in dieser Zeit hat nämlich „Philosophie" in Deutschland eine reinholdianisch umgedeutete kantische Philosophie bedeutet: man sucht nach Begründungen, und wenn die fehlen, kritisiert man die ungenaue Begriffsbenutzung. Erhard kann zwar behaupten, dass hier kein Unterschied zwischen Leibnizianern und Kantianern besteht, das können aber nur Fachphilosophen verstehen. Man kann argumentieren, dass Erhard die Erhellung der Begriffe fordert und damit die Aufklärung unterstützen möchte. Aber er behauptet, dass eine solche Erhellung prinzipiell nicht möglich ist. Eine philosophische Bestimmung der einzelnen Wissenschaften ist so als Programm gescheitert. (3) Hufeland meint, dass der Aufsatz als eine Lobpreisung der Empirie zu verstehen ist. Das scheint mir eine problematische Interpretation zu sein; Erhard betrachtet die ganze Medizin aus einer theoretischen Perspektive und suggeriert vielmehr, dass hier keine Notwendigkeit zu suchen ist. Ich meine auch, dass Erhard eigentlich recht hat, wenn er behauptet, dass die Tendenz seiner Studie vielmehr diejenige ist, dass man sich von der Empirie mehr entfernen soll. Erhard möchte verhindern, dass die Medizin zu einer empirischen Wissenschaft wird.²⁶⁷ – Es mag für Erhard sehr schmerzlich gewesen sein, als Hufeland behauptet hat, dass er gar kein Arzt ist. Wir wissen, dass das Ärzte-Kollegium in Nürnberg Erhard die Aufnahme verweigert hat, mit der Begründung, dass er keine drei Jahre an einer Universität verbracht hat.²⁶⁸ „Was wollen sie damit sagen? Dass ich von der Arzneiwissenschaft nichts verstehe? – so begehen Sie ein wahres *Hysteron proteron* [...]. Wie kann Ihnen unbekannt sein, dass man Doktor der Medizin sein kann, und gar nichts von der Medizin zu verstehen braucht? In diesem Falle können sie also unmöglich beweisen, was Sie beweisen wollen. Und dieser erste Anfall ist also nichts weiter, als ein verunglücktes *Argumentum ab individia*."²⁶⁹ Erhard treibt jetzt ein logisches Spiel: Dass er nichts von der Heilkunst versteht, bedeutet noch nicht, dass er kein Arzt ist, es gibt nämlich genügend Ärzte, die davon nichts verstehen. Es kann aber auch umgekehrt sein; dass nämlich jemand viel davon versteht und trotzdem nicht zum Arzt anerkannt wird. Ob jemand Arzt ist oder nicht, tut nichts zur Sache. Erhard ist Philosoph geblieben, er hat aber gezeigt, dass die Philosophie nicht mehr die Kompetenz hat, die empirischen Wissenschaften zu beurteilen.

---

266 Ebd. S. 80.
267 Ebd. S. 81.
268 Karl August Varnhagen von Ense (Hg.), *Denkwürdigkeiten des Philosophen und Arztes Johann Benjamin Erhard*, a.a.O., S. 40.
269 Johann Benjamin Erhard, An Herrn Rath Hufeland in Jena, a.a.O., S. 81.

# Vierte Vorlesung

# Reinholds Schüler treffen auf Fichte

In dieser Vorlesung werden wir von Jena nach Zürich gehen; Fichte hat hier am 24. Februar 1794 eine Reihe von Privatvorlesungen (im Hause Johann Kaspar Lavaters) begonnen. Aus diesem Anlass schreibt er in einem Brief: „Eine angenehme Aussicht für die kritische Philosophie! Für Zürich schien sie bisher nicht gemacht zu sein: Seit einiger Zeit aber halte ich vor Lavater (diesem trefflichen Manne [...]) und mehreren der ersten Männer Zürichs Vorlesungen darüber. Freilich kann binnen hie und dem Ende künftigen Monats nicht viel mehr als ein Vorgeschmack gegeben werden; aber wenn nur der Trieb des Selbstdenkens in einigen erweckt und das herrschende Vorurteil gegen die kritische Philosophie ein wenig erschüttert wird, so ist der Gewinn schon groß genug."[270] Zwischen dem 24. Februar und dem 26. April hat Fichte dann insgesamt vierzig Vorlesungen gehalten, jeweils täglich zwischen 17 und 18 Uhr.[271] Die Teilnehmer waren neben Lavater (der zu dieser Zeit Pfarrer von St. Peter in Zürich war), Georg Geßner (Schwiegersohn Lavaters, seit 1794 Pfarrer am Waisenhaus in Zürich), Georg Schultheß (Leutpriester) und David von Wyß (Sekretär).[272] Der Verlauf der Vorlesungen (wenn auch nicht ihre thematische Einteilung) kann aufgrund Geßners Tagebuch ziemlich genau rekonstruiert werden;[273] aus diesen Aufzeichnungen geht auch hervor, dass die Mitschriften erst *nach* den einzelnen Vorlesungen verfertigt wurden. (Geßners Mutter – von der wir sonst gar nichts wissen – hat dabei fleißig mitgearbeitet.) Es kann daher als überraschend angesehen werden, dass bisher nur Mitschriften von den ersten fünf Vorlesungen aufgetaucht sind, die wiederum von Lavaters Hand stammen.[274] Geßners Tagebuch gibt auch einen guten Einblick in die philosophischen Vorkenntnisse des Teilnehmerkreises; es kann mit Sicherheit behauptet werden, dass alle Teilnehmer ganz und gar Anfänger waren, sie haben weder Kants Werke gelesen, noch die Diskussionen um seine Werke verfolgt. (Geßner z. B. hat erst am 5. April – als die erste Hälfte der Vorlesungen schon vorbei war – in einer Buchhandlung Kants *Kritiken* und das anonym erschienene Buch von Fichte, *Versuch einer Kri-*

---

270 Vgl. Johann Gottlieb Fichte, *Briefe*, hg. von Manfred Buhr, Reclam, Leipzig 1986, S. 104.
271 Vgl. dazu Manfred Frank, *„Unendliche Annäherung"*, a.a.O., S. 386.
272 Erich Fuchs, Reinhard Lauth, Walter Schieke (Hg.), *Fichte im Gespräch*, Bd. 1,1, frommann – holzboog Verlag, Stuttgart-Bad Cannstatt 1978, S. 86.
273 Johann Gottlieb Fichte, *Züricher Vorlesungen über den Begriff der Wissenschaftslehre*, hg. Von Erich Fuchs, Ars Una Verlag, Neuried 1996, S. 18-23.
274 Abgerechnet den Anfang der dritten Vorlesung, die mit großer Wahrscheinlichkeit von Georg Geßner stammt.

*tik aller Offenbarung* bestellt. Er hat es wahrscheinlich relativ spät zur Kenntnis genommen, dass die Interpretation in der Philosophie nicht genügt, sie kann die Lektüre der Originaltexte nicht ersparen. Oder anders formuliert: Die Bestellung der Bücher markiert wahrscheinlich eine Krise: Geßner hat bemerkt, dass er ohne der anstrengenden Arbeit der Lektüre die kritische Philosophie nicht verstehen wird, auch wenn Fichte es ganz anders versprochen hat.)[275]

\* \* \*

Man muss zunächst die Frage aufwerfen: Was können diese Geschehnisse, die sich so weit von Jena abgespielt haben, mit Reinhold und mit der Reinhold-Schule zu tun haben? Eine Antwort darauf kann man in drei Schritten skizzieren. – *Erstens* hat sich zu dieser Zeit schon die Nachricht verbreitet, dass Reinhold im Frühjahr 1794 von Jena nach Kiel gehen wird, und sein Nachfolger in Jena Johann Gottlieb Fichte sein wird. Wie dieser Ruf nach Kiel zustande kam, ist bis heute nicht ganz geklärt, sicher ist nur, dass bei diesem Wechsel vor allem finanzielle Motive die entscheidende Rolle gespielt haben.[276] Fichte (der durch sein 1792 erschienenes Buch, *Versuch einer Kritik aller Offenbarung* bekannt und berühmt wurde) hat schon am 5. Januar 1794 die Einladung bekommen. Mit einer merkwürdigen Verspätung hat er dann am 1. März etwas lakonisch an Reinhold geschrieben: „Wissen Sie, wer zu Ihrem Nachfolger in Jena ernannt ist? Ich bin dazu ernannt. Urteilen Sie, wie groß meine Freude darüber ist, dass ich eben Ihr Nachfolger sein soll. Unendlich lieber wäre es mir freilich, wenn ich Ihr Kollege

---

275  Zehn Jahre später hat sich Geßner an die Vorlesungen so erinnert: „Es war ungefähr zu dieser Zeit, da Herr *Fichte*, der sich schon ein Paar Jahre in Zürich aufgehalten, und sich nun mit einer unserer Mitbürgerinnen verheiratet hatte, den Ruf nach Jena erhielt. *Lavater* hatte für Alles, was Denkkraft und Geistesstärke heißt, immer eine unbedingte Hochachtung; wie er über *Kant*, und die Grösse seines denkenden Geistes dachte, wissen meine Leser. Die kantische Philosophie hatte indessen ihr Feld in Zürich eben nicht gefunden, und hat es auch gegenwärtig nicht. Allein *Lavater* wünschte doch durch mündlichen Vortrag derselben, von einem Manne, der so grosses Aufsehen machte, näher mit derselben bekannt zu werden. ‚Es wäre, sagte er zu mir, unverantwortlich, wenn wir einen solchen Mann aus unserer Stadt wegziehen liessen, ohne ihn benutzt zu haben.' Bald fand sich ein Kreis denkender und wahrheitsliebender Männer zusammen, welche miteinander Herrn *Fichte* baten, ihnen noch Vorlesungen über die kritische Philosophie zu halten, was er auch mit froher Bereitwilligkeit tat, und wozu wir uns allemal in *Lavaters* Hause versammelten." Georg Geßner, Lavaters Lebensbeschreibung, in: Erich Fuchs, Reinhard Lauth, Walter Schieke (Hg.), *Fichte im Gespräch*, Bd. 1,1, a.a.O., S. 86. (Lavater ist 1801, in seinem 60. Lebensjahr gestorben.)
276  „[Ein Ruf nach Kiel] würde mir insofern willkommen gewesen sein, als es eine Verbesserung meines armseligen Gehalts veranlasst hätte." Zitiert nach Manfred Frank, „*Unendliche Annäherung*", a.a.O., S. 211, Fußnote 23.

hätte sein können."²⁷⁷ Diese Einladung hat Lavater wahrscheinlich davon überzeugen können, dass Fichte einer der bedeutendsten Kantkenner seiner Zeit sei. So ist er zu dem folgenden Entschluss gekommen: „Wo möglich werde ich es einzurichten suchen, dass Fichte einem halben Dutzend recht ausgesuchter Züricher vor seiner Abreise nach Jena an Reinholds Stelle über die kantische Philosophie ließt."²⁷⁸ – *Zweitens* gab es einen Lieblingsschüler Reinholds, Namens Jens Immanuel Baggesen (der eher Dichter und Mäzen als Philosoph war), der sich eben zu dieser Zeit in Zürich aufgehalten hat; er wollte unbedingt den berühmten Autor des *Versuchs einer Kritik aller Offenbarung* kennenlernen. Fichte hat Baggesen Ende Oktober 1793 besucht: „Das erste Mal besuchte er mich, und ich verleugnete mich; denn es war in einem der schrecklichsten Augenblicke meines Lebens, als mein Sohn mit dem Tode rang. Wir trafen indes zusammen auf der Treppe und bleiben da fast eine Stunde stehen im Gespräch über den *Satz des Bewusstseins*, wovon ich behauptete, dass es keinen höheren für die Philosophie gebe, er das Gegenteil, aber damals nur als möglich."²⁷⁹ Baggesen berichtet also, dass er den Satz des Bewusstseins verteidigt hat, Fichte ihm aber widersprochen hat, wobei Fichte zu dieser Zeit noch etwas unsicher wirkte.²⁸⁰ Und darauf folgt eine sehr interessante Bemerkung: „Das Resultat dieser Unterredung oder Treppenphilosophie war meinerseits die Behauptung: dass man von deinem ersten Satze eine Stufe tiefer herabsteigen könne zum *reinen Egoismus*. Da er mir nichts von seinem neuen Prinzip gesagt hatte, frappierte ihn dies sichtbarlich."²⁸¹ Diesen Brief hat Baggesen erst ein gutes Halbjahr später verfasst, als Fichte seine Züricher Vorlesungen schon beendet und seine erste Version der Wissenschaftslehre²⁸² schon veröffentlicht hatte. Es war also schon wohl bekannt, welche Ge-

---

277 Johann Gottlieb Fichte, *Briefe*, a.a.O., S. 103-104.
278 Erich Fuchs, Reinhard Lauth, Walter Schieke (Hg.)., *Fichte in Gespräch*, Bd. 1,1, a.a.O., S. 84.
279 Vgl. ebd., S. 59.o. (Hervorhebung von mir, J.W.) Was den biographischen Aspekt betrifft, kann der Bericht kaum als glaubwürdig eingeschätzt werden. Es ist vielmehr ein absurdes poethisches Bild, das gleichzeitig die Verbindung zwischen Philosophie und Tod und die unbedingte Hochachtung der Philosophie bezeugen soll. Abgesehen jetzt davon, dass Baggesen am 10. Dezember 1793 seiner Frau schreibt, dass er zwei-drei Tage vorher Fichte und Pestallozi kenengelernt hat. Vgl. Günter Holzboog (Hg.), *Fichte im Gespräch*, Bd. 6,1, frommann-holzboog Verlag, Stuttgart-Bad Cannstatt 1992, S. 27-28.
280 Man hat den Eindruck, dass Baggesen keine Ahnung gehabt hat von der Erschütterung der Grundsatzphilosophie, die sich – wie wir in der dritten Vorlesung gesehen haben – schon im Frühsommer 1792 abgespielt hat.
281 Erich Fuchs, Reinhard Lauth, Walter Schieke (Hg.), *Fichte im Gespräch*, Bd. 1,1, a.a.O., S. 59.
282 Im Mai 1794 hat Fichte seine erste Version der Wissenschaftslehre veröffentlicht, als „Einladungsschrift zu seinen Vorlesungen über die Wissenschaft". Vgl. Johann Gottlieb Fichte, *Über den Begriff der Wissenschaftslehre*, hg. von Edmund Braun, Philipp Reclam jun., Stuttgart 1991.

stalt Fichtes „eigenes Prinzip" angenommen hat. Aus dieser Perspektive wird das ganze Gespräch erst richtig interessant: Baggesen suggeriert nämlich, dass zunächst *er* den Grundsatz des reinen Egoismus vorgeschlagen hat, als eine gewisse Korrektion der reinholdschen Elementarphilosophie. Auf jeden Fall hat Baggesen dann Fichte empfohlen, sich mit Reinhold in einen brieflichen Kontakt zu setzen, Fichte hat das getan und bot recht pathetisch seine Freundschaft an: „Ich [...] bitte mit den Gesinnungen des freien Mannes, der Ihren Wert von ganzem Herzen ehren, achten, lieben, sich seiner freuen, aber auch den seinigen nicht aufgeben will, Sie um Ihre Freundschaft, um Ihre Liebe, um Ihr Zutrauen, und versichere Sie, wenn Sie diese meine Bitte gewähren, der unbegrenzten Achtung, Anhänglichkeit und Zutrauens von meiner Seite. Halten Sie mich jener Gesinnung nicht wert [...], so werden Sie mich wenigstens darum nicht weniger achten, dass ich diese Bitte tat, und dann steht alles auf dem alten Fuße, und die jetzigen Handlung ist gar nicht geschehen."[283] Die Beziehung zwischen Reinhold und Fichte – die ich hier nicht weiter verfolgen kann – beginnt also sehr herzlich.[284] Wenn auch Lavater die Vorlesungsreihe angeregt hat, mag auch Baggesen in der konkreten Organisation eine wichtige Rolle gespielt haben. „[Fichte] liebte nicht Lavater – und Lavater hasste beinahe ihn. Ich beschloss, sie zusammenzubringen. Mit Fichte wurde ich bald fertig; er gab mir die Hand darauf, den ersten Schritt tun zu wollen. Lavater war schwieriger. Ich schrieb diesem aus St. Gallen einen Brief, der es ausrichtete, und siehe da: als ich über die Alpen zurückkehrte, hielt Fichte philosophische Vorlesungen in Lavaters Stube."[285] – *Drittens* sind am Ende der Vorlesungsreihe einige Lieblingsschüler Reinholds in Zürich eingetroffen. Baggesen selbst hat den Vorlesungsbeginn nicht mehr in Zürich erwarten können, er ist am Ende für die drei letzten Vorlesungen zurückgekehrt. Die anderen Reinhold-Schüler sind am Tag der *vorletzten* Vorlesung eingetroffen und haben den ganzen Tag mit Baggesen, mit Fichte und seinem „Schülerkreis" verbracht.

\* \* \*

Baggesen trifft also am 24. April 1794 in Zürich ein, um die letzten drei Vorlesungen von Fichte doch noch zu hören. Ein Tag später kommen dann seine Freunde, Johann Benjamin Erhard und Franz de Paula von Herbert an, die wieder

---

283 Johann Gottlieb Fichte, *Briefe*, a.a.O., S. 99.
284 Sie ist aber zu einer der konfliktreichsten Beziehungen in der Philosophiegeschichte geworden, darauf kann ich aber hier nicht eingehen. In meinem Buch (*Kant után szabadon. Tanulmányok a konstellációkutatás köréből*, Áron Kiadó, Budapest 2007) habe ich den Briefwechsel zwischen Reinhold und Fichte ausführlich analysiert und dadurch die Geschichte ihrer Beziehung darzustellen versucht.
285 Erich Fuchs, Reinhard Lauth, Walter Schieke (Hg.), *Fichte im Gespräch*, Bd. 1,1, a.a.O., S. 75. – Wenn man sich die Dokumente gründlich anschaut, kann man drei Initiatoren feststellen: Lavater, Baggesen und einen weiteren Kreis von Gebildeten.

einmal eine große gemeinsame Reise zurückgelegt haben.[286] Baggesen hat von diesem Tag seiner Frau ausführlich berichtet, aufgrund dessen man den ganzen Tagesverlauf ziemlich genau rekonstruieren kann. – (1) Am Mittag haben Baggesen und seine Gäste zusammen gegessen, und danach kam es zu einem längeren Gespräch. „Du kannst Dir kaum vorstellen, wie äußerst interessant das Mahl war" – schrieb Baggesen seiner Frau. „Kernige und gewürzte Unterhaltung von zwölf bis fünf. Fichte gefiel Herbert außerordentlich. Erhard war, wie jetzt immer, sehr liebenswürdig. Philosophie war unsere Materie."[287] – (2) Nach dem Gespräch sind alle zu Lavaters Haus gegangen, um an der Vorlesung teilzunehmen. „Um fünf Uhr führte ich sie zu Lavater, um ihn zu sehen – und Fichtes Kollegium, denke einmal! – in seiner Stube zu hören. Fichte war vorausgegangen. Lavater kam mir an der Türe entgegen – ich präsentierte ihm Herbert [und] Erhard. Die Stube war schon voll von Zuhörern und Fichte in ihrer Mitte. Lavater holte mehrere Stühle, man lagerte sich, alles war Aufmerksamkeit, Lavater ganz offenes Ohr, offenes Auge, offener Mund. Fichte lass äußerst vortrefflich; aber so abstrakt, so streng logisch, dass gewiss nur Erhard und Baggesen ihn ganz fassen konnten."[288] (Ich meine dieser Satz ist *ohne* alle Selbstironie: Baggesen meint, dass er wegen der längeren Bekanntschaft einen privilegierten Zugang zu Fichtes Denken hat.) Auf jeden Fall kann festgestellt werden, dass Baggesen Erhards philosophisches Talent sehr hoch eingeschätzt hat, anders als Herberts Kenntnisse und Fähigkeiten. – (3) „Nach dem Kollegium gingen wir alle sechs: Fichte, Lavater, Erhard, Herbert, Rauscher[289] und ich auf die neue Promenade, beständig in philosophischen Gesprächen. Wir sahen da die Gebirge und den Sonnenuntergang und verweilten bis ziemlich spät am Abend, in traulicher Zufriedenheit. Heute kommt Fichte wieder zu uns [...]."[290] Von diesem Teil des Abends hat auch Geßner berichtet: „Dann in die Lektion. Mit Lavater, Fichte, Baggesen, Erhardt, Baron Herenwerth [eigentlich: Herbert] spaziert. Gesprochen von allerlei unerklärlichem Zusammentreffen. [...] Wir gingen alle noch zu Professor Fichte; [Gespräche] vom Kriminalrecht, von der Verpflichtung zur Wahrheit, von Frankreich etc. Halb neun Uhr heim."[291] – Ich habe diesen Tagesverlauf deswegen so

---

286 Baggesen datiert den Tag des Besuches falsch auf den 26. April. Das beweist Geßners Tagebuchaufzeichnung, und das wird bestätigt durch das Stammbuch Lavaters, in das sich Herbert und Erhard am 25. April eingetragen haben. Vgl. Erich Fuchs, Einleitung, in: Johann Gottlieb Fichte, *Züricher Vorlesungen*, a.a.O., S. 29, Fußnote 25.
287 Günter Holzboog (Hg.), *Fiche im Gespräch*, Bd. 6,1, a.a.O., S. 43.
288 Ebd. 43-44.o.
289 Rauscher ist als Begleiter Herberts nach Zürich gekommen, er war ein Angestellter Herberts.
290 Günter Holzboog (Hg.), *Fichte im Gespräch*, Bd. 6,1, a.a.O., S. 44.
291 Zitiert nach Erich Fuchs, Einleitung, in: Johann Gottlieb Fichte, *Züricher Vorlesungen über den Begriff der Wissenschaftslehre*, Ars Una Verlag, Neuried 1996, S. 23.

ausführlich rekonstruiert, weil ich noch einen Blick werfen möchte auf eine, von Baggesen stammende und sehr berühmt gewordene Beschreibung des Treffens. „Der scharfsinnige Fichte und der tief denkende Erhard flogen zusammen wie zwei Billardkugeln, wovon die eine *collé* liegt und die andere von *collé* gestoßen wird. Kein Wunder, dass sie sich schief berührten und auseinanderflogen. Ich kenne nirgends zwei entgegengesetztere Selbstdenker. Fichte ist ein analytischer, Erhard ein synthetischer Kopf. Der Erste ist philosophischer Fanatiker, der Andere hat philosophische Gleichgültigkeit. Jener verfährt streng systematisch, dieser rhapsodisch. Weder der Eine noch der Andere wird auf diese Weise die Wissenschaft zustande bringen; allein Erhard wird doch, meines Bedünkens, mit seinem umfassenden Genie nützlicher, als Fichte mit seinem durchschneidenden Witz sein."[292] Zunächst möchte ich vorschlagen, dass wir diese Diskussion im Ablauf des Tages zu lokalisieren versuchen. Es kann mit Sicherheit behauptet werden, dass sich diese Diskussion *nicht* unmittelbar nach dem Vortrag abgespielt hat, weil es nach den Vorlesungen meistens gar keine Diskussionen gab. Es ist auch unwahrscheinlich, dass diese Diskussion beim Mittagessen zustande gekommen wäre, weil da sich Fichte und die Reinhold-Schüler eben erst kennengelernt haben. Generell kann man davon ausgehen, dass Baggesen eine sehr freundschaftliche Diskussion in seiner Beschreibung zu verschärfen und zu dramatisieren versucht hat. Die daraus entstehenden Schwierigkeiten dürfen uns aber nicht zur These verleiten, dass sich eine philosophische Diskussion bei diesem Treffen überhaupt nicht abgespielt hat. Mit einer gewissen Vorsichtigkeit möchte ich behaupten, dass es zu einer *soliden* Diskussion kam, vor allem zwischen Erhard und Fichte, beim abendlichen Spaziergang. – Was könnte aber das Thema der Diskussion gewesen sein? Ich meine auf diese Frage gibt es zwei mögliche Antworten. *Erstens* könnte man sagen, dass das Thema die eben gehörte Vorlesung war. So kommen wir aber in Verlegenheit, weil wir *nicht* genau wissen, was das Thema dieser Vorlesung war; vielleicht könnten wir aber darauf schließen, weil wir die letzte Vorlesung (die ja Fichte veröffentlicht hat) kennen. *Zweitens* könnte man behaupten, dass die Diskussion auf die ganze Vorlesungsreihe gerichtet war, dass also das Thema die *Grundsatzphilosophie* war. Zunächst scheint aber diese letztere Version nicht besonders wahrscheinlich zu sein, weil zu einer ausführlichen Orientierung die Zeit zu knapp war.[293]

---

(Ich möchte jetzt noch die Frage offen lassen, ob man von dem Thema des Gesprächs auf die Thematik der damaligen Vorlesung schließen kann oder nicht.)

292 Erich Fuchs, Reinhard Lauth, Walter Schieke (Hg.), *Fichte im Gespräch*, Bd. 1,1, a.a.O., S. 116.

293 An diesem Punkt möchte ich einen kurzen Blick werfen auf die Frage und Relevanz der Datierung der letzten Vorlesung. Reinhard Lauth und Hans Jacob haben im I,2. Band der *Gesamtausgabe* behauptet, dass „Fichtes *Züricher Vorlesungen* [...] kurz vor seiner Abreise nach Jena, am 25. oder 26. April" endeten. (Reinhard Lauth und Hans Jacob, Vorwort, in: Fichte, *Gesamtasugabe*, Bd. I,2, hg. von Reinhard Lauth und Hans Jacob unter der Mitwirkung von Manfred Zahn, Friedrich Fro-

# 1. Fichtes letzte Züricher Vorlesung

Wir kennen also Fichtes letzte Vorlesung, die er nicht viel später als Sonderdruck veröffentlicht hat. Die letzte Vorlesung trägt den feierlichen Titel: *Über die Würde des Menschen*. Das Thema kann uns ein wenig überraschend vorkommen, weil ja Fichtes Auftrag auf die Darstellung der kritischen Philosophie gerichtet war. Bevor ich den Gedankengang dieser Vorlesung kurz rekapituliere, möchte ich darauf hinweisen, dass der Ausdruck „Würde" im 18. Jahrhundert in der deutschen Sprache eine neue Bedeutung bekommen hat. Das Wort bedeutet jetzt eine gewisse Wertschätzung; weil der Mensch jetzt nicht in seiner Einzelheit betrachtet wird, sondern Vertreter der ganzen menschlichen Gattung ist, wird die Würde auf den Menschen *überhaupt* bezogen. (Man kann das als eine verspätete Verdeutschung dessen auffassen, was Pico della Mirandola noch als *dignitas homini* bezeichnet hat.)[294] Der junge Fichte muss jetzt konsequenterweise behaupten, dass seine Auslegung der kantischen Philosophie gewisse Folgen hat, die man im Rahmen einer Thematisierung der Würde des Menschen behandeln kann. Die Möglichkeit und die Notwendigkeit solcher Folgerungen müssen aber näher bestimmt werden. Die letzte Vorlesung trägt den Untertitel: *Beim Schlusse seiner philosophischen Vorlesungen*. Der Ausdruck „beim Schlusse" kann bedeuten, dass die bisherigen Vorlesungen jetzt ihren Höhepunkt erreichen. Darauf scheint der zusammenfassende Charakter hinzuweisen: „Wir haben den menschlichen Geist vollständig ausgemessen; wir haben ein Fundament gelegt, auf welches sich ein wissenschaftliches System, als getroffene Darstellung des *ursprünglichen* Systems im Menschen erbauen lasse. Wir tun zum Beschlusse einen kurzen Überblick auf das Ganze."[295] Dem scheint aber zu widersprechen, was Fichte

---

mamnn Verlag, Stuttgart-Bad Cannstatt 1965, S. 81.) Diese Unsicherheit in der Datierung scheint zunächst nur die Quellenlage zu wiederspiegeln, sie hat aber auch weitreichende theoretische Folgen. Es wird so die Möglichkeit offen gehalten, dass Reinholds Schüler nicht die vorletzte, sondern vielleich doch die letzte Vorlesung gehört haben. Man könnte sogar einige Argumente dafür ins Feld führen. Dafür spricht, dass es einen gewissen Sinn hat, die *letzte* Vorlesung zu besuchen, die vorletzte ist dagegen eher uninteressant. Man könnte behaupten, dass es schwer zu erklären ist, warum Reinholds Schüler so schnell weggefahren sind, wir wissen über keinerlei dringlichen Verpflichtungen. Das wäre aber eine reine Spekulation: Erich Fuchs hat ein Tagebuch der Vorlesungsreihe zusammengestellt und damit eindeutig bewiesen, *dass die letzte Vorlesung am 26. April stattgefunden hat*, und die Reinhold-Schüler – aus welchen Gründen auch immer – die vorletzte Vorlesung gehört haben. Vgl. Erich Fuchs, Einleitung, in: Johann Gottlieb Fichte, *Züricher Vorlesungen über den Begriff der Wissenschaftslehre*, a.a.O., S. 18-23.

294 Jacob Grimm und Wilhelm Grimm, *Deutsches Wörterbuch*, Bd. XIV, Verlag von S. Hirzel, Leipzig 1940, Sp. 2074.
295 Johann Gottlieb Fichte, Über die Würde des Menschen. Beim Schlusse seiner philosophischen Vorlesungen, in: ders., *Gesamtausgabe*, Bd. I,2, hg. von Reinhard Lauth

selbst auf der ersten Seite schreibt: „Nicht als Untersuchung, sondern als Ausguss der hingerissenen Empfindung *nach* der Untersuchung, gewidmet seinen Gönnern und Freunden zum Andenken der seligen Stunden, die er mit ihnen im gemeinschaftlichen Streben nach Wahrheit verlebte."[296] Die Rede über die „Würde des Menschen" überschreitet hier eindeutig den philosophischen Bezugsrahmen. Wie kann die Gattung dieser Rede bestimmt werden? Die oben zitierten Zeilen legen es nahe, dass die letzte Vorlesung am besten als einen Anhang zu einem Stammbucheintrag betrachtet werden kann. Man verabschiedet sich, indem man sich mit einigen schönen Worten auf die gemeinsam verbrachte schöne Zeit erinnert. Reinhard Lauth und Hans Jacob schreiben dazu: „Die Rede sollte die Bedeutung der Transzendentalphilosophie für das menschliche Leben – nicht philosophisch explizieren, sondern in *dichterischer Sprache* ausdrücken.[297] Diesen „Anhang" eines Stammbucheintrages könnte man auch als „erbauliche Rede" bezeichnen. Die Gattung der „erbaulichen Rede" gehörte zu dieser Zeit in die Popularphilosophie; Fichte will also popularphilosophische Folgen ziehen, ohne das Feld der Popularphilosophie betreten zu müssen.

Fichte behauptet nun, dass seine Philosophie (besser gesagt seine Interpretation der kantischen Philosophie) eine besonders gute Basis abgibt für eine Thematisierung der „Würde des Menschen". Der Ausgangspunkt dafür ist die folgende Behauptung: „Die Philosophie lehrt uns alles im Ich aufzusuchen."[298] Fichte weist hier mit Nachdruck auf *seine eigene* Philosophie hin, in der zweiten *Züricher Vorlesung* sagt er an einer Stelle: „*Ich* bin *ich* – [das] ist *Philosophie*."[299] Oder anders formuliert: Ich bin ich – ist der Grundsatz aller Philosophie. „Der Grundsatz [der Philosophie muss] der Grundsatz des menschlichen Wissens überhaupt sein."[300] Mit einer solchen Philosophie und durch eine solche Philosophie kann man „den menschlichen Geist vollständig ausmessen".[301] Die Formulierung ist ein bisschen rätselhaft, aber sie ist wahrscheinlich so zu verstehen, dass das Ich eine besondere Kompetenz hat, die die Welt regeln und strukturieren kann. „Erst durch das Ich kommt Ordnung und Harmonie in die tote formlose Masse. Allein vom Menschen aus verbreitet sich *Regelmäßigkeit* rund um ihn herum bis an die Grenze seiner Beobachtung – und wie er diese weiter vorrückt, wird Ordnung und Harmonie weiter vorgerückt."[302] Das bedeutet, dass der Mensch als erkennendes Wesen *immer* eine gewisse Struktur in die Welt bringt.

---

und Hans Jacob unter der Mitwirkung von Manfred Zahn, Holzboog Verlag, Stuttgart-Bad Cannstatt 1965, S. 87.
296 Ebd. S. 85.
297 Reinhard Lauth und Hans Jacob, Vorwort, a.a.O., S. 81.
298 Johann Gottlieb Fichte, Über die Würde des Menschen, a.a.O., S. 87.
299 Johann Gottlieb Fichte, *Züricher Vorlesungen*, a.a.O., S. 81.
300 Johann Gottlieb Fichte, *Über den Begriff der Wissenschaftslehre*, in: ders., *Gesamtausgabe*, Bd. I,2, a.a.O., S. 131.
301 Johann Gottlieb Fichte, Über die Würde des Menschen, a.a.O., S. 87.
302 Ebd.

Das war eigentlich der kantische Grundgedanke, Fichte sagt jetzt seinen Zuhörern, dass er dieses erkennende Subjekt ausführlicher und gründlicher darstellen wird. Die Schwierigkeit besteht aber darin, wie man von der theoretischen zur praktischen Philosophie übergehen kann. „Das ist der Mensch", schreibt Fichte seinen theoretischen Teil abschließend, „wenn wir ihn bloß als beobachtende Intelligenz ansehen; was ist er erst, wenn wir ihn als praktisch tätiges Vermögen denken!"[303] Warum sollen wir ihn aber als praktisch tätiges Wesen denken? Diese Frage ist auf einem allgemeinen Niveau sehr schwer zu beantworten. Richtig bleibt aber, dass Fichte am Anfang seiner *Züricher Vorlesungen* eben von diesem Gedanken ausgeht: „Reinhold nennt die Philosophie die Wissenschaft desjenigen, was durch das bloße Vorstellungsvermögen bestimmt ist. Dies ist eine Definition der theoretischen und nicht der gesamten Philosophie."[304] Zunächst ist festzustellen, dass sich Fichte nicht so sehr mit Kant, sondern vielmehr mit Reinhold auseinandersetzt. Er behauptet, dass Reinhold durch seine Analyse des Vorstellungsvermögens so sehr in Anspruch genommen wurde, dass er gar nicht zum praktischen Teil der Philosophie gekommen ist. Dieser Einwand ist vor allem deswegen schwer zu verstehen, weil Reinhold am Ende seines Buches (*Versuch einer neuen Theorie des menschlichen Vorstellungsvermögens*) mit dem Begriff des „Begehrungsvermögens" eben einen solchen Übergang ausbauen möchte. Man müsste vielmehr sagen, dass der Übergang nicht vom Vorstellungsvermögen abgeleitet, sondern auf einem ganz anderen Weg konzipiert werden muss. Wie kann man sich aber den Verlauf der Transformation von der theoretischen zur praktischen Philosophie vorstellen? „[Der Mensch] *legt* nicht nur die *notwendige* Ordnung in die Dinge, er gibt ihnen auch diejenige, die er sich *willkürlich* wählte; da, wo er hintritt, erwacht die Natur, bei seinem Anblick bereitet sie sich zu, von ihm die neue schönere Schöpfung zu erhalten."[305] Das könnte so verstanden werden, dass der Mensch nicht nur in seinem Erkenntnisvermögen ein schaffendes und strukturierendes Wesen ist, sondern auch in seinem Handlungsvermögen. Der Mensch kann in diesem Sinne als Gestalter der Welt auftreten.[306] Fichte denkt vor allem wahrscheinlich an die Arbeit, das sieht man am folgenden Zitat: „Der Mensch gebietet der rohen Materie, sich nach seinem Ideal zu organisieren."[307] Im nächsten Schritt wird dann aber doch nicht klar, ob diese Umgestaltung der Welt sich in einer realen Tätigkeit erschöpft oder sich durch eine Abstraktion abspielt. „Brecht die Hütte von Leimen, in der er wohnt! Er ist seinem Dasein nach schlechthin unabhängig von allem, was außer ihm ist; er ist

---

303 Ebd.
304 Johann Gottlieb Fichte, *Züricher Vorlesungen*, a.a.O., S. 53.
305 Johann Gottlieb Fichte, Über die Würde des Menschen, a.a.O., S. 87.
306 Später hat Marx in der Bewegung des Hegelschen Geistes die Arbeit entdeckt, und so die Erkenntnistheorie in eine produktionistische Sozialphilosophie überführt. Vgl. dazu Jürgen Habermas, *Erkenntnis und Interesse*, Suhrkamp Verlag, Frankfurt am Main 1968.
307 Johann Gottlieb Fichte, Über die Würde des Menschen, a.a.O., S. 87.

schlechthin durch sich selbst [...]."³⁰⁸ Dieser Abstraktionsprozess impliziert dann, dass der Mensch nicht gefangen genommen werden soll von seinen engen und borniertem Bedingungen. Der Mensch ist jederzeit mehr, als das, was sich aus seinen Bedingungen ergibt, und zwar deswegen, weil er im gewissen Sinne immer mit allen anderen Menschen verbunden ist. Die so eingeführte Abstraktion hat also zwei Seiten: *Einerseits* werden die konkreten Existenzbedingungen ausgeklammert, *andererseits* werden die Unterschiede zwischen den Menschen außer Kraft gesetzt. In diesem Zusammenhang taucht auch der Hinweis auf eine gewisse Intersubjektivität auf. „*Alle Individuen sind in der einen großen Einheit des reinen Geistes eingeschlossen*; dies sei das letzte Wort, wodurch ich mich Ihrem Andenken empfehle."³⁰⁹ Diese Einheit haben Fichtes Vorlesungen nicht so sehr gelehrt, als vielmehr selber verkörpert. Auf die eben zitierte Aussage folgt eine Fußnote: „Selbst ohne mein System zu kennen, ist es unmöglich diesen Gedanken für spinozistisch zu halten, wenn man nur wenigstens den Gang dieser Betrachtung im Ganzen übersehen will."³¹⁰ Diese Anmerkung – die mit großer Wahrscheinlichkeit erst in die gedruckte Version eingefügt wurde – besagt, dass die Einheit der Geister nur auf der Basis der Freiheit und nicht durch den Determinismus möglich ist. Das war Fichtes grundsätzliche These, die er durch seine feierliche Rede vermitteln wollte.

Diese Rede hat eine interessante Rezeption gehabt. Wahrscheinlich von der letzten Vorlesung beeinflusst versucht Baggesen in einem Brief an Reinhold das Pathos der fichteschen Philosophie zu enträtseln: „[Der Mensch] will mehr als er kann: er will dem Gesetz vollkommen Genüge tun, dabei bleibe er! Er will mehr als er kann, er will *sich selbst* vollkommen Genüge tun – das ist der Fehler. Nun tut seiner Vernunft nichts Genüge als *Gott*. Er will also *Gott vollkommen begreifen*, oder selbst *Gott sein*. Das Letzte ist fast unbescheidener, als das Erstere. Diese letzte Unbescheidenheit finde ich in dem fichteschen System."³¹¹ Baggesen suggeriert, dass Fichte einen Fehler begeht, der aber schon in der Grundverfassung des Menschen angelegt ist. Näher betrachtet läuft aber seine Behauptung darauf hinaus, dass Fichte den Menschen verherrlicht, um sich selber zum Gott zu erheben. Reinholds Reaktion auf diese Vorlesung scheint zunächst disziplinierter zu sein: „[Fichtes] Schlussrede zu den Vorlesungen in Zürich habe ich in Gravenstein bei der Frau von Recke gesehen und größtenteils eben so unverständlich, und noch dazu *bombastisch* gefunden. Ich muss mich von nun an aller ähnlichen Lektüre enthalten [...]."³¹² Reinhold sieht also (wenn er sich auch sehr zurückhaltend ausdrückt) in einer solchen erbaulichen Rede eine gewisse Gefahr

---

308 Ebd. S. 88.
309 Ebd. S. 89.
310 Ebd.
311 Erich Fuchs, Reinhard Lauth, Walter Schieke (Hg.), *Fichte im Gespräch. Berichte der Zeitgenossen*, Bd. 1,1, a.a.O., S. S. 117-118.
312 Ebd. S. 142.

für die Philosophie überhaupt. Schon Sokrates hat nämlich der Philosophie eine gewisse „Geistesdiät" zur Pflicht gemacht.[313]

Fichte war zu dieser Zeit aber nicht der Einzige, der eine emotionsbeladene Philosophie ausarbeiten wollte. Im Jahre 1786 hat schon Schiller in seinen *Philosophischen Briefen* eine „enthusiastische" Philosophie zu verkünden versucht. „Der Mensch, der es so weit gebracht hat, alle Schönheit, Größe, Vortrefflichkeit im Kleinen und Großen der Natur aufzulesen und zu dieser Mannigfaltigkeit die große Einheit zu finden, ist der Gottheit schon sehr viel näher gerückt. Die ganze Schöpfung zerfließt in seine Persönlichkeit. Wenn jeder Mensch alle Menschen liebte, so besäße jeder Einzelne die Welt. Die Philosophie unsrer Zeiten [...] widerspricht dieser Lehre. Viele unsrer denkenden Köpfe haben es sich angelegen sein lassen, diesen himmlischen Trieb aus der menschlichen Seele hinwegzuspotten [...]."[314] Und auch schon Schiller hat seine philosophischen Vorläufer gehabt, auf die er sich stützten konnte: Leibniz, Shaftesbury und Ferguson.[315] Eine emotionale Aufladung der Philosophie ist aber Reinhold und der Reinhold-Schule im Großen und Ganzen fremd geblieben. Reinhold gehörte also auch zu denjenigen Philosophen, von denen man behaupten kann, dass sie den „himmlischen Trieb" der „menschlichen Seele" verspottet haben. Ich meine also, dass die letzte Vorlesung bei den Reinhold-Schülern eine elementare Empörung ausgelöst hätte.[316]

---

313 Ebd.
314 Friedrich Schiller, Philosophische Briefe, in: ders., *Sämtliche Werke*, Bd. 5, hg. von Gerhard Fricke und Herbert G. Göpfert, Carl Hanser Verlag, München 1993, S. 350.
315 Es gibt natürlich gewisse Unterschiede zwischen Fichtes Rede und Schillers frühe Philosophie, die Mobilisierung der Emotionen und eine Verherrlichung des Menschen ist ihnen aber gemeinsam.
316 Umgekehrt muss man dann auch behaupten, dass Fichte die Tonart zwischen der vorletzten und der letzten Vorlesung geändert hat. Wenn man auf Gessners Tagebuchaufzeichnung schaut, kann man behaupten, dass Fichte in der vorletzen Vorlesungsstunde drei Themen angeschnitten hat: Kriminalrecht, die Verpflichtung zur Wahrheit und die Lage in Frankreich. Fichte hat mit großer Wahrscheinlichkeit in der zweiten Hälfte seiner Vorlesungen über praktische Fragen gesprochen, so konnte er zu der Rechtslehre kommen. Ich vermute, dass er die Auslegung der Rechtslehre mit der Behandlung des Kriminalrechts abschließen wollte. Das eigentliche Thema der vorletzten Vorlesung wäre aber ein gewisser Übergang gewesen zu der Analyse der Würde des Menschen. Dieses Übergangsthema hat Fichte mit dem Motiv, die „Verpflichtung zur Wahrheit" zu bestimmen versucht. Dieses Motiv hat er dann als eine Theorie der Aufklärung präsentiert. Über dieses Thema hat er nämlich schon wichtige Studien veröffentlicht. Sehr interessant z. B. ist die Diskussion, die Christian Beatus Kenzelmann mit Fichte geführt hat. „Auch darin drückt der Verfasser sich nicht genau und richtig aus, dass er das Gewissen das Gesetz in uns, das höchste, einzig verpflichtende Gesetz nennt. Gewissen ist kein Gesetz, sondern es ist unsere *Anerkennung* und *Empfindung* unserer Verpflichtung gegen ein Gesetz [...]." Erich Fuchs (Hg.), *Fichte in zeitgenössischen Rezensionen*, frommann-

Über diese Vorlesung ist keine Rezension entstanden und es gibt auch keine direkt an Fichte gerichteten schriftlichen Einwände. Deswegen scheint es ein bisschen merkwürdig, dass der Begriff der „Würde" bei Fichte ganz plötzlich verschwindet, an seine Stelle tritt später der Begriff der „Bestimmung". So hat Fichte in Jena seine ersten Privatvorlesungen (im Sommer 1794) über die „Bestimmung des Gelehrten" gehalten.[317] Im 18. Jahrhundert hat das Wort „Bestimmung" die Bedeutung von *conditio* oder *Endzweck* angenommen. Eine weitverbreitete These in der Popularphilosophie war, dass der Mensch seiner *eigenen Bestimmung* gemäß handeln soll.[318] Seiner eigenen *conditio* nach handeln, bedeutet nun, dass der Mensch die Einheit des Geistes anstreben muss. In der einzigen Fußnote zu seiner letzten Vorlesung sagt Fichte: „Die Einheit des reinen Geistes ist mir *unerreichbares Ideal*; letzter Zweck, der aber nie wirklich wird."[319] Fichte gelangt also zu dem Begriff der „Bestimmung", indem er die Würde aus der Perspektive der ganzen Menschheit betrachtet. Man kann also über die „Bestimmung" nur dann sprechen, wenn die Einheit des reinen Geistes gegeben ist; da *diese* aber nie gegeben sein kann, muss sie durch die Gesellschaft ersetzt werden. Nicht durch den Begriff der „Würde", sondern durch den Begriff der „Bestimmung" wird jetzt das Ziel der Bildung bestimmt. „Ich darf Ihnen wohl etwas jetzt ohne Verweis sagen, was mehreren unter Ihnen ohne Zweifel schon längst bewiesen ist [...], dass alles menschliche Denken und Lehren, dass Ihr ganzes Studieren, dass alles, was ich insbesondere Ihnen je werde vortragen können, auf nichts anderes abzwecken kann, als auf die Beantwortung der aufgeworfenen Fragen [...]: Welches ist die Bestimmung des Menschen überhaupt, und durch welche Mittel kann er sie am sichersten erreichen?"[320] Fichte ist sich aber jetzt nicht mehr ganz sicher, ob diese Frage noch in die Philosophie gehört oder nicht.[321]

---

      holzboog Verlag, Stuttgart-Bad Cannstatt 1995, Bd. 1, S. 155. (Hervorhebung von mir, J.W.) Die Aussage von Kenzelmann ist deswegen so wichtig, weil er den Finger eben auf den Punkt liegt, wo Fichte von dem kantischen „verpflichtenden Gesetz" zu einer anthropologischen Theorie des Gewissens übergeht.

317 Johann Gottlieb Fichte, *Vorlesungen über die Bestimmung des Gelehrten*, Universitätsverlag, Jena 1994. (Reprint-Ausgabe.)
318 Jacob Grimm und Wilhelm Grimm, *Deutsches Wörterbuch*, Bd. II, Verlag von S. Hirzel, Leipzig 1854, Sp. 1679.
319 Johann Gottlieb Fichte, Über die Würde des Menschen. Beim Schlusse seiner philosophischen Vorlesungen, a.a.O., S. 89.
320 Johann Gottlieb Fichte, *Vorlesungen über die Bestimmung des Gelehrten 1794*, Reprint-Ausgabe, a.a.O., S. 5.
321 Dahinter steht aber nur, dass sie der Popularphilosophie überlassen war, die wiederum einen sehr schlechten Ruf gehabt hat. Später, als Fichte sein Buch *Die Bestimmung des Menschen* veröffentlicht, nennt er sie schon selber Popularphilosophie.

## 2. Versuch einer Rekonstruktion der Züricher Diskussion

Was zunächst unplausibel erschien, wird jetzt immer wahrscheinlicher: Die Reinhold-Schüler haben mit Fichte am 25. April, in Zürich, nach seiner vorletzten Vorlesung über sein „Gesamtkonzept" diskutiert. Wie kann man sich aber dieses Gesamtkonzept vorstellen, nachdem wir nur die ersten fünf Vorlesungen kennen? Ich meine es gibt drei wichtige Punkte, um die die gesamte Vorlesungsreihe organisiert war.

*Erstens* die Theorie der Wissenschaftslehre. „*Philosophie* wäre die Wissenschaft an sich, die Wissenschaft von der Wissenschaft überhaupt – oder die *Wissenschaftslehre*."[322] Fichte meint, dass die Wissenschaftslehre sowohl der Form als auch der Materie nach bestimmt werden muss. Der Form nach: „Jede Wissenschaft hat einen Grundsatz, aus welchem alle Sätze bewiesen werden, und der selbst keines Beweises bedarf. Alles, was in der Wissenschaft vorkommt, muss genau bestimmt und unmittelbar oder mittelbar von dem Grundsatz abgeleitet werden."[323] Die Bestimmung der Materie nach ist schon etwas unsicherer; Fichte will hier die Wissenschaft dem Inhalt nach abgrenzen von anderen systematischen Gebilden. „Eine *Erdichtung* kann *zusammenhängend* sein in sich, und völlig konsequent. Deswegen heißt sie nicht eine Wissenschaft."[324] Die beiden Aspekte scheinen zu divergieren, deswegen taucht die Frage auf, welcher wird von ihnen dominant? Ende Februar 1794 (zur Zeit der ersten Vorlesungen) hat Fichte diesem Problem noch keine besondere Aufmerksamkeit geschenkt. Etwas später sieht er aber schon, dass eben das der entscheidende Punkt seiner ganzen Theorie ist. In seinem kleinen Buch, *Über den Begriff der Wissenschaftslehre*, das er im Frühjahr 1794 geschrieben hat, arbeitet er schon energisch an der Lösung dieses Problems. Er meint jetzt, dass der Grundsatz der Philosophie (oder der Wissenschaftslehre) so beschaffen sein muss, dass dadurch die Philosophie auch inhaltlich bestimmt wird. Schon in seiner zweiten *Züricher Vorlesung* bestimmt Fichte den Grundsatz so: „*Ich bin ich* – [das] ist *Philosophie*."[325] Erst mit dieser inhaltlichen Konkretisierung tritt der Grundsatz in der Theoriearchitektonik wirklich hervor. Fichte kommt also nur im Laufe dieser Entwicklung der reinholdschen Philosophie immer näher, sodass letztendlich die Wissenschaftslehre nur noch als eine modifizierte Form der reinholdschen Elementarphilosophie auftritt. Als die Reinhold-Schüler Fichte besuchten, hat Fichte wahrscheinlich schon eine solche Theorie vertreten. Das ist den Reinhold-Schülern wahrscheinlich an diesem Tag klar geworden, aber zu einer intensiven Diskussion ist es mit Sicherheit nicht gekommen.

---

322 Johann Gottlieb Fichte, *Züricher Vorlesungen*, a.a.O., S. 69.
323 Ebd. S. 55.
324 Ebd. S. 59. – „Systematische Form macht das Wesen nicht aus. Das materielle Merkmal ist also aufzusuchen." Ebd. S. 61.
325 Johann Gottlieb Fichte, *Züricher Vorlesungen*, a.a.O., S. 81.

*Zweitens* bestand die ganze Vorlesungsreihe aus zwei Teilen, von denen der erste sich mit der theoretischen, der zweite sich mit der praktischen Philosophie beschäftigte. Die philosophisch ungebildeten Teilnehmer der Vorlesungsreihe haben sich vor allem für den zweiten Teil interessiert. Fichte ist wahrscheinlich erst spät zu diesem zweiten Teil gekommen. Geßner schreibt am 11. April in sein Tagebuch: „In die Lektion, die heute sehr klar und einleuchtend war, von Sinn, Charakter, Freiheit, Begehrungsvermögen, Bedürfnis [...]."[326] Etwa zu dieser Zeit hat also Fichte angefangen über die praktische Philosophie zu lesen; da aber die Karwoche ausgefallen ist, konnte er über diesen Teil der Philosophie nur fünf Vorlesungen halten. Ein systematischer Übergang von der theoretischen zur praktischen Philosophie ist zunächst nicht zu sehen. Ein solcher Übergang wäre aber für Fichte – im Lichte seiner Ausgangsthese – sehr wichtig: „Reinhold nennt die Philosophie die Wissenschaft desjenigen, was durch das bloße Vorstellungsvermögen bestimmt ist. Dies ist eine Definition der theoretischen, nicht der gesamten Philosophie."[327] Reinhold hat aber in seiner Theorie des Vorstellungsvermögens einen solchen Übergang zu konstruieren versucht, und zwar durch den Begriff des „Begehrungsvermögens". Fichte behandelt in der genannten Vorlesung zwar diesen Begriff, *ohne* seinen systematischen Stellenwert herauszuarbeiten. An dieser Stelle setzt Fichte später (wahrscheinlich in der vorletzten Vorlesung) die „Pflicht zur Wahrheit" ein. Die Reinhold-Schüler hätten also an diesem Punkt ohne Zweifel einen Anlass zu einer Diskussion gefunden. Ich vermute aber, dass es zu einer solchen Diskussion überhaupt nicht gekommen ist. Wahrscheinlich hat Fichte dieses Bindeglied zu kurz behandelt und seine Schlüsselstelle gar nicht herausgearbeitet. Im Bereich der praktischen Philosophie konnte es höchstens zu einigen konkreten Anmerkungen gekommen sein über die Aufklärung, oder über deren Verwirklichung im Frankreich, etc.[328]

*Drittens* ist es zu vermuten, dass der theoretische Teil eine sehr interessante Systematik gehabt hat, die aber auch nicht leicht zu rekonstruieren ist. Am 8. Juni schreibt Baggesen an Reinhold: „Er hat fünf Sätze, die dem Satz des Bewusstseins vorangehen. Der oberste ist: *Ich bin, weil ich bin.* – *Im Ich wird das Nicht-Ich dem Ich entgegengesetzt* etc. Dies nenne ich ein steriles Orthodoxon."[329] Die Zahl *fünf* hat wahrscheinlich keine große Bedeutung, sie will nur sagen, dass es um „zahlreiche" Sätze geht. Baggesen hat also bemerkt, dass man Fichtes Programm so auffassen kann, dass er die Philosophie *tiefer* fundieren möchte, als das Reinhold getan hat. (Baggesen hat aber unrecht, wenn er suggeriert, dass das

---

326 Zitiert nach Erich Fuchs, Einleitung, a.a.O., S. 23.
327 Johann Gottlieb Fichte, *Züricher Vorlesungen*, a.a.O., S. 53.
328 Erhard hat bald angefangen an einem Buch zu arbeiten, mit dem Titel, *Über das Recht des Volks zu einer Revolution*, das dann 1795 auch erschienen ist. Nachdruck: Hanser Verlag, München 1989.
329 Erich Fuchs, Reinhard Lauth, Walter Schieke (Hg.), *Fichte im Gespräch*, Bd. 1,1, a.a.O., S. 117.

Bewusstsein als ein abgeleitetes Phänomen auch bei Fichte eine wichtige Rolle spielt.) Es ist ein Blatt in Baggesens Nachlass gefunden worden, das wahrscheinlich den Aufbau der Vorlesungsreihe zurückgeben möchte. (Man weiß nicht, ob Baggesen dieses Blatt von jemandem bekommen hat, oder während der nachträglichen Studie der Vorlesungen es selbst hergestellt hat.) Demnach bestand der theoretische Teil der Vorlesungen aus drei Kapiteln:
(a) Man muss aus dem Grundsatz ausgehen, „Ich bin, weil Ich bin";
(b) dann kommt der zweite Grundsatz, „im Ich wird das Nicht-Ich dem Ich entgegengesetzt"; und schließlich
(c) folgt eine Neudeutung der kantischen Kategorienlehre. (Die verschiedenen Gruppen der Kategorien entstehen jetzt so, dass Quantität und Qualität aufeinander bezogen und einander untergeordnet werden).[330]
Man kann davon ausgehen, dass diese Einteilung in der Diskussion gar keine Rolle gespielt hat; wenn Fichte auch etwas davon erwähnt hätte, müsste es so kompliziert vorgekommen sein, dass man einen schnellen Überblick ausschließen kann.

Jetzt müssen wir noch die Frage aufwerfen, wie sich Reinholds Schüler in der Diskussion einbrachten. Es kann mit Sicherheit behauptet werden, dass Herbert in der Diskussion eher zurückhaltend war, er war begeistert *für* die Philosophie, *in* der Philosophie war er aber nicht besonders geschult. Sehr kompliziert mag aber die Rolle Baggesens gewesen sein; er war sehr stolz darauf, dass *er* die ganze Vorlesungsreihe organisiert hat. (Was wahrscheinlich sehr übertrieben ist.) Andererseits suggeriert er in einem im Juni 1794 an Reinhold geschriebenen Brief, dass *er* eigentlich den fichteschen Grundsatz erfunden hat. „Das Resultat [des Gesprächs] war meinerseits die Behauptung: dass man von Deinem ersten Satze einer Stufe tiefer herabsteigen könne *zum reinen Egoismus*. Da [Fichte] mir nichts von seinem Prinzip gesagt hatte, frappierte ihn dies sichtbarlich."[331] Baggesen will seine Verdienste hervorheben, wobei es doch überraschend ist, dass er die ganze Krise der Grundsatzphilosophie gar nicht wahrgenommen zu haben scheint. Karl August Böttinger, ein ehemaliger Mitschüler Fichtes notiert im März 1795 über ein Gespräch mit Baggesen: „Baggesen wies mir in einem seiner Manuskripte die ganze Einteilung der fichteschen Wissenschaftslehre, die er [...]

---

330 Noch am 5. September 1794 schreibt Baggesen an Reinhold: „Fichte ist mit der kantischen Tafel der Kategorien nicht ganz befriedigt – ich auch nicht. Ohne auf Fichte Rücksicht zu nehmen, zerbrach ich mir schon lange den Kopf mit einer mir deutlicheren Aufstellung." Günter Holzboog (Hg.), *Fichte im Gespräch*, Bd. 6,1, a.a.O., S. 67. Man weiß nun gar nicht, ob die Aufteilung von Fichte oder von Baggesen stammt. Die vier Kategoriengruppen heißen jetzt: quantitas qualitativa – intensiva + quantitas qualitativa – extensiva (das sind die mathematischen Kategorien) + qualitas quantitativa – relativa + qualitas quantitativa – modalis (diese beiden letzten Gruppen nennt er dynamische Kategorien).
331 Erich Fuchs, Reinhard Lauth, Walter Schieke (Hg.), *Fichte im Gespräch*, Bd. 1,1, a.a.O., S. 59.

weit früher schon so gedacht habe."³³² Das würde bedeuten, dass Baggesen nicht nur den „fichteschen Grundsatz", sondern auch die ganze Struktur seiner Philosophie entdeckt hat. Diesen Eindruck vermittelt uns auch Böttinger in der folgenden Aussage: „Überhaupt schien es, als wolle Baggesen mir glauben machen, Fichte habe die Keime seiner Idee mehr ihm, als sich selbst zu danken."³³³ Es scheint dann aber doch merkwürdig zu sein, als er in einem Brief an Reinhold schreibt: „Da ich das Gebäude nicht, nur den Grundstein gesehen habe, darf ich freilich nichts davon urteilen. Indes hier kommt es gar sehr auf den Grundstein an, und es sollte mich wundern, wenn er nicht zu einem *salto mortale* gezwungen würde [...], wenn er wieder auf menschlichen Boden herunterwill."³³⁴ Hier spricht Baggesen etwas aus, was in der Diskussion nach der Vorlesung – meiner Meinung nach – eine zentrale Rolle gespielt hat, das ist der *spekulative Charakter* der fichteschen Philosophie. Das wichtigste Ereignis des Abends beschreibt Baggesen so: „[Erhard und ich] machten ganz gemeine Sache gegen den spekulativen Fichtismus oder das fichtesche Spekulieren. Hierbei ist aber sonderbar, dass Fichte mich versteht und mich liebt, Erhard aber weder verstehen noch ausstehen kann [...]."³³⁵ Auf jeden Fall stellt sich Baggesen in einer nachträglichen Beschreibung neben Erhard. Es ist aber eher zu vermuten, dass Baggesen wegen seiner ambivalenten Einstellung in der Diskussion relativ zurückhaltend war. Diese ambivalente Einstellung beschreibt Baggesen in einem Brief an Reinhold so: „[Ich] füge hinzu, dass ich aus Furcht, für Dich parteiisch zu sein, für ihn parteiisch wurde."³³⁶

Dass in der Diskussion Erhard die führende Persönlichkeit war, gibt später auch Baggesen zu, als er schreibt: „Der scharfsinnige Fichte und der tief denkende Erhard flogen zusammen wie zwei Billardkugeln [...]."³³⁷ Wie ich schon zu beweisen versucht habe, muss diese Dramatik übertrieben sein, aber so viel scheint doch wahrscheinlich zu sein, dass Erhard einige kritische Einwände formuliert hat, die für Fichte unangenehm waren. (Dieses Gefühl mag er später anlässlich eines Treffens in Stuttgart als „Ärger" oder „ennui" bezeichnet haben.) Jetzt können wir langsam und vorsichtig die wahrscheinlich sehr höflich formulierte Einwände Erhards zu rekonstruieren versuchen. Der Ausgangspunkt könnte

---

332 Günter Holzboog (Hg.), *Fichte im Gespräch*, Bd. 6,1, a.a.O., S. 139.
333 Ebd.
334 Erich Fuchs, Reinhard Lauth, Walter Schieke (Hg.), *Fichte im Gespräch*, Bd. 1,1, a.a.O., S. 118. (Hervorhebung von mir, J.W.)
335 Ebd. S. 116. – Eine knappe Woche später hat Fichte in Stuttgart Erhard wieder getroffen, von hier aus schreibt er seiner Frau: „Erhard [...], der die Leute so sehr ennuyiert, habe ich hier gefunden." Ebd. Fußnote 3.
336 Christoph Jamme und Frank Völkel (Hg.), *Hölderlin und der deutsche Idealismus*, Bd. 2, frommann-holzboog Verlag 2003, S. 239.
337 Ebd. S. 116.

der von Baggesen verwendete Begriff der „Spekulation" gewesen sein.[338] Das lateinische Wort „speculatio" bedeutete bei den Mystikern eine „verzückende" Rede, in dem es über das Verhältnis von Gott zu den Menschen geht.[339] Jetzt möchte ich nochmal daran erinnern, wie Baggesen Fichtes letzte Vorlesung bewertet hat: „[Fichte] will also *Gott vollkommen begreifen*, oder selbst *Gott sein*. [...] Diese [...] Unbescheidenheit finde ich in dem fichteschen System."[340] Das scheint die These nahezulegen, dass Baggesen in dem Begriff „Spekulation" diese ursprüngliche Bedeutung aufbewahrt hat, indem er behauptet, dass Fichte versucht die Welt aus Gottes Perspektive zu beschreiben. Diese Perspektive hat aber auch eine fatale Konsequenz, nämlich, dass die wirkliche Welt unerreichbar bleibt. In einer Tagebuchaufzeichnung, die Baggesen auf den Dezember 1793 zurückdatiert, ist zu lesen: „Ich sprach von der Gefahr des Spekulierens [...]: Die praktische Vernunft [wird] bei unaufhörlicher Beschäftigung der theoretischen [Vernunft] gemeiniglich, wo nicht immer, [einschlummern]".[341] Aber jetzt geht es nicht darum, sondern um ein Defizit in der theoretischen Vernunft; wenn die theoretische Vernunft zu allgemein ansetzt, kann sie die Welt nicht mehr beschreiben, sie kann sich der wirklichen Welt nur durch einen *salto mortale* nähern.[342] Es ist unschwer zu sehen, dass dieser Einwand nicht auf die *Radikalisierung* des Grundsatzes, sondern auf die Grundsatzphilosophie *generell* gerichtet ist. Darauf deutet hin, dass Baggesen Reinhold und Fichte immer mehr in einem Atemzug erwähnt. „*Reinhold* und *Fichte*. Wer von diesen beiden Fixsternen erster Größe und höchsten Glanzes die wahre Zentralsonne des Systems sei, jener mit dem bläulichen, oder dieser mit dem rötlichen Scheine, wird vielleicht erst die Nachwelt ausmachen können."[343] Die nachträgliche Diskussion zeigt aber,

---

338 Auch ein anderer Schüler Reinholds, Friedrich Karl Forberg scheint Fichtes Philosophieren in diesem Lichte zu sehen: „In seinem Programm finde ich Vieles dunkel, Anderes paradoxer gesagt, als gedacht, im Ganzen aber ungemeinen Tiefsinn. Vorzüglich bewundere ich seine Konsequenz, fürchte aber, dass diese ihn zur Einseitigkeit verleiten wird. Leider ist er nun als Professor gezwungen sein System auszuarbeiten. Dies wird jenen *periodum fatalem* unfehlbar beschleunigen. Er arbeitet sehr geschwind. Dadurch läuft er Gefahr spitzfündig zu werden [...]." Günter Holzboog (Hg.), *Fichte im Gespräch*, Bd. 6,1, a.a.O., S. 49.
339 Jacob Grimm und Wilhelm Grimm, *Deutsches Wörterbuch*, Bd. X,1, Verlag von S. Hirzel, Leipzig 1905, Sp. 2134.
340 Erich Fuchs, Reinhard Lauth, Walter Schieke (Hg.), *Fichte im Gespräch. Berichte der Zeitgenossen*, Bd. 1,1, hg. von Erich Fuchs, a.a.O., S. 117-118.
341 Ebd. S. 145.
342 Das bedeutet, dass Baggesen die ganze Philosophie Fichtes aus der Perspektive der letzten Vorlesung sehen wird. Die göttliche Rede ist also nicht bloß auf das schwärmerische Pathos gerichtet, sondern die zu allgemein ansetzende Grundsatzphilosophie trägt auch diesen Charakter.
343 Erich Fuchs, Reinhard Lauth, Walter Schieke (Hg.), *Fichte im Gespräch*, Bd. 1,1, a.a.O., S. 143. Diese Rede widerspricht schon einem Vergleichungsmuster, das früher auch bei Baggesen aufgetaucht ist, ich möchte aber jetzt eine Formulierung von

dass mit dem Begriff „Spekulation" nur in groben Umrissen die möglichen Einwände zusammengefasst werden können.

## 3. Die nachträgliche Auseinandersetzung der Reinhold-Schüler mit Fichte

Am 26. April 1794, am frühen Morgen, haben Herbert und Erhard Zürich verlassen; ihre Reise ging in unterschiedliche Richtungen, beide wollten endlich nach Hause gehen oder fahren. (Herbert hat in Österreich, in Klagenfurt gelebt, Erhard hingegen stammte aus Nürnberg.) Sie haben wahrscheinlich nicht mehr die Zeit gehabt, das Gespräch miteinander zu diskutieren. Sie wussten aber beide, dass Fichte in einigen Tagen nach Jena übersiedeln wird, um dort Reinholds Lehrstuhl zu übernehmen. Einige Tage nach seiner Heimkunft (am 6. Mai 1794) schreibt Herbert einen langen Brief an Erhard, dem man wohl eine einmalige Bedeutung zusprechen kann: „Ich bin vor zwei Tagen angekommen, und habe die Hände voll Arbeit, allein ich tue doch nichts, weil mir die Arbeit aus den Händen fällt [...]; eine Melancholie hat sich meiner bemächtigt, über welche ich mich zu erheben, ich noch nicht vermocht habe [...]."[344] Diese Situation kann man mit einem heutigen Vokabular so beschreiben, dass Herbert nach seiner Rückkehr in eine tiefe Depression gefallen ist. (Einen leichten Stimmungssturz hat auch Baggesen erlebt, der seiner Frau über den Tag der letzten Vorlesung schreibt: „Dieser Tag war der interessanteste und langweiligste meines Lebens.")[345] Man könnte ja vermuten, dass diese Depression auf die plötzlich eingetretene Einsamkeit, auf den zurückkehrenden Alltag zurückzuführen ist. Vielleicht ist es auch so, Herbert gibt aber eine ganz andere Ursache an, was seinem Zustand eine theoretische Bedeutung verleiht. „*Fichte* hat zu dieser meiner fatalen Stimmung einen großen Teil beigetragen, wieder ein Autor bis auf die Nagelspitzen, *et voilà tout* für mich, aber nicht für die Welt leider, denn durch mittelst eines Geniezufalls (ich meine seine *Kritik aller Offenbarung*) errungene Autorität wird er viele Köpfe verwirren."[346] Herbert betrachtet also Fichte, nach dem Besuch seiner vorletzten Vorlesung und nach den Gesprächen und Diskussionen für *gefährlich*. Es ist aber schwer zu sehen, worin eine Gefahr bestehen sollte. Fichte ist aufgrund seines Frühwerkes *Versuch einer Kritik aller Offenbarung* nach Jena berufen wor-

---

Böttinger zitieren: „*Nur* Reinholds Erkenntnisvermögen steht fest. Fichtes Wissenschaftslehre sei der spitzfindigste *Egoismus* [...]." Günter Holzboog (Hg.), *Fichte im Gespräch*, Bd. 6,1, a.a.O., S. 139. (Hervorhebungen von mir, J.W.)

344 Friedrich Immanuel Niethammer, *Korrespondenz mit dem Klagenfurter Herbert-Kreis*, Turia & Kant, Wien 1995, S. 75. Vgl. Auch Erich Fuchs, Reinhard Lauth, Walter Schieke (Hg.), *Fichte im Gespräch*, Bd. 1,1, a.a.O., S. 90.

345 Günter Holzboog (Hg.), *Fichte im Gespräch*, Bd. 6,1, a.a.O., S. 44.

346 Friedrich Immanuel Niethammer, *Korrespondenz mit dem Klagenfurter Herbert-Kreis*, a.a.O., S. 75. Vgl. auch Erich Fuchs, Reinhard Lauth, Walter Schieke (Hg.), *Fichte im Gespräch*, Bd. 1,1, a.a.O., S. 90. (Hevorhebungen von mir, J.W.)

den, dort wird er aber wahrscheinlich die Grundsatzphilosophie vortragen und wieder beleben wollen. Die Genialität des genannten Buches erkennt auch Herbert an; wir wissen, dass z. B. Erhard dieses Buch für Kants Werk gehalten hat.[347] Gottlieb Hufeland schreibt anlässlich der zweiten Auflage dieses Buches: „Diese Schrift erschien bekanntlich in ihrer ersten Auflage anonym. [...] Das Publikum weiß, dass bei jener Anonymität eine höchst auffallende Ähnlichkeit des Gedankensystems, der Sprache und des Vortrages [...] veranlasste, den obgedachten berühmten Mann selbst für den Verfasser derselben zu halten. [...] Der wahre Verfasser ward bald nachher bekannt [...]; allein dadurch hat die Schrift an Wichtigkeit und Merkwürdigkeit gewiss nicht das Geringste in den Augen jedes Unbefangenen und Unterrichteten verloren [...]."[348] (Wir wissen auch, dass ein anderer Reinhold-Schüler – von dem wir gleich sprechen werden –, Friedrich Immanuel Niethammer ein Kompendium von diesem Buch herausgab, mit dem Titel, *Über den Versuch einer Kritik aller Offenbarung.*)[349] Herbert findet es also beängstigend, dass Fichte durch den Ruf, den er sich mit diesem Buch erworben hat, in Jena eine Konzeption vortragen wird, die er (also Herbert) für höchst problematisch hält. Wir wissen nicht, ob Herbert die von Baggesen formulierte Aussage gekannt hat oder nicht: „Ich sprach von der Gefahr des Spekulierens [...]: Die praktische Vernunft [wird] bei unaufhörlicher Beschäftigung der theoretischen [Vernunft] gemeiniglich, wo nicht immer, [einschlummern]".[350] In diesem Sinne schreibt jetzt Herbert: „Von nun an erkläre ich mich, zum unversöhnlichsten Feinde aller sogenannten ersten Grundsätze der Philosophie, und denjenigen, der einen braucht, zu einem Narren [...]; meines Erachtens soll die Maxime (und meinetwegen mag das Kind den Namen tragen) der erste Grundsatz eines jeden Menschen und Philosophen dieser sein, *ich wünsche ein moralisches Wesen zu sein* [...]."[351] (Herbert verarbeitet damit einerseits die Erfahrung der besuchten Fichte-Vorlesung, er meint auch, dass die praktische Philosophie von ausgezeichneter Bedeutung ist. Aber andererseits kommt auch seine Vorliebe zur Popularphilosophie zum Ausdruck, der ich aber hier nicht nachgehen kann.) Auf

---

347 Erich Fuchs, Reinhard Lauth, Walter Schieke (Hg.), *Fichte im Gespräch*, Bd. 1,1, a.a.O., S. 38.

348 Die Rezension erschien ursprünglich in der *Allgemeinen Literatur-Zeitung*, am 3. Januar 1794, Sp. 17-24. Vgl. *Fichte in zeitgenössischen Rezensionen*, Bd. 1, a.a.O., S. 141-142.

349 Das Buch ist in Jena erschienen, noch im Jahre 1792. Vgl. *Fichte in zeitgenössischen Rezensionen*, Bd. 1, a.a.O., S. 141.

350 Erich Fuchs, Reinhard Lauth, Walter Schieke (Hg.), *Fichte im Gespräch*, Bd. 1,1, a.a.O., S. 145. (Baggesen beschreibt diesen Gedanken im September 1794, er datiert aber die Tagebuchaufzeichnung auf den September 1793 zurück.)

351 Friedrich Immanuel Niethammer, *Korrespondenz mit dem Klagenfurter Herbert-Kreis*, a.a.O., S. 75. Vgl. auch Erich Fuchs, Reinhard Lauth, Walter Schieke (Hg.), *Fichte im Gespräch*, Bd. 1,1, a.a.O., S. 90. (Leider wird in dieser letzten Ausgabe dieser zweite Teil des Satzes weggelassen.)

jeden Fall war der Brief an Erhard gerichtet, mit der Bitte, dass er ihn an Friedrich Immanuel Niethammer weiterschicken sollte. Niethammer kam eigentlich aus Tübingen, er hat dort studiert, ist dann aber 1790 nach Jena gekommen, um hier die kritische Philosophie kennenzulernen. „Die einzige Hoffnung, die mir noch übrig blieb und mein einziger Wunsch war, dass es mir gegönnt sein werde, mich dem Studium dieser Philosophie unter der Führung eines Mannes widmen zu können, der selbst in die Geheimnisse dieser Philosophie eingedrungen sei. [...] An wen anders als an Reinhold, dessen Ruhm damals in Deutschland glänzte, hätten sich meine Hoffnung und mein Wunsch halten können?"[352] Niethammer hat 1792 seine Dissertation mit dem Titel, „De vero relevationis fundamento" verfasst, die als eine Antwort auf Fichtes *Versuch einer Kritik aller Offenbarung* aufzufassen ist. Aufgrund dieser Dissertation konnte Niethammer im Mai 1792 seine Vorlesungen an der Universität Jena beginnen. Ende 1793 wurde er dann zum außerordentlichen Professor der Philosophie ernannt, allerdings ohne Gehalt. Niethammer ist also Professor seit einem halben Jahr, als er Herberts Brief empfängt: „Wo ist Kants erster Grundsatz; *Kritik der reinen Vernunft*, habt ihr daran nicht genug, so ist euch nicht zu helfen! [...] Von Ihnen allein, wie ich wohl und gewiss weiß, wird es abhängen, ob Jena noch der Tempel der Philosophie bleiben wird oder nicht, denn aus Fichtes abstraktem Vortrag kann keiner klug werden, der vernünftig ist. Ihre Weisheit und Politik wird Sie bewahren, sich nie an Fichten zu reiben; wollen Sie nie mehr als er, scheinen Sie immer von ihm zu lernen, beleidigen Sie seinen Ehrgeiz nicht [...]. Bleiben Sie simpler Lehrer und Leser der *Kritik der reinen Vernunft*, ohne weitere Anmaßung [...]."[353] Diese ziemlich komplizierte Passage beinhaltet, wie ich meine, drei wichtige Hinweise. (a) Fichtes Philosophie ist zu abstrakt; d. h., sie entfernt sich zu sehr von der kantischen Philosophie. Herbert ist jetzt der Meinung, dass die Reformulierung der kantischen Philosophie aus der Perspektive der Grundsatzphilosophie (die ja auch sein Lehrer und Freund, Carl Leonhard Reinhold vertreten hat) eine ungeheuer große Gefahr in sich birgt, sie neigt nämlich zur Abstraktion. (Dieser Einwand mag am Abend des Treffens mit Fichte wirklich vorgekommen sein, die Bedeutung der „Abstraktion" steht ganz in der Nähe der „Spekulation", von der Baggesen gesprochen hat.)[354] (b) Fichte bedroht den Ruf Jenas, weil er nicht mehr Kants Philosophie in einer erneuerten Form vortragen

---

352 Niethammers Curriculum zu seiner Dissertation, zitiert nach Wilhelm Baum, Einleitung, in: Friedrich Immanuel Niethammer, *Korrespondenz mit dem Klagenfurter Herbert-Kreis*, a.a.O., S. 14.
353 Friedrich Immanuel Niethammer, *Korrespondenz mit dem Klagenfurter Herbert-Kreis*, a.a.O., S 76. Vgl. auch Erich Fuchs, Reinhard Lauth, Walter Schieke (Hg.), *Fichte im Gespräch*, Bd. 1,1, a.a.O., S. 90.
354 Herbert sieht die Gefahr der Spekulation darin, dass so die ursprüngliche kritische Philosophie nicht mehr zu entdecken ist. Er hält so aber noch an der ursprünglichen Idee Reinholds fest: Die Kritik der reinen Vernunft hat unmittelbare praktische Folgen, die aber bei einer spekulativen Darstellungsweise außer Kraft gesetzt werden.

will, sondern seine eigene Philosophie in den Vordergrund drängt. Allein Niethammer kann noch den Geist Jenas (nachdem Reinhold weggegangen ist) retten, indem er als einfacher Lehrer der kritischen Philosophie auftritt. Das impliziert auch, dass man Herberts zufolge von den Philosophen nicht Originalität erwarten soll; es geht nicht um persönliche Leistungen, sondern um die Suche der Wahrheit.[355] (c) Schließlich gibt Herbert Niethammer einige pragmatische Ratschläge: er soll alle Konfrontationen vermeiden, weil Fichte (wegen seiner Dynamik) aus allen Konflikten als Sieger hervorgehen wird.

Erhard hat seine Antwort dem Brief beigefügt und beide Briefe Niethammer weitergeschickt. Dadurch entsteht der bedeutendste innere Diskurs der Reinhold-Schule. Erhard versichert zunächst Niethammer, dass er mit Herbert ganz und gar einverstanden ist: „Herbert hat über das eine Prinzip von einer Seite ganz recht. Die Philosophie, die von einem Grundsatz ausgeht, und sich anmaßt alles daraus abzuleiten, bleibt auf immer ein sophistisches Kunststück."[356] Der Ausdruck „sophistisches Kunststück" ist eine neue Variante auf den Begriff der „Spekulation". In Deutschland ist dieser Begriff der „Sophisterei" seit der Reformation und der Gegenreformation sowohl auf Luther als auch auf die Vordenker der katholischen Kirche bezogen worden. Hans Sachs schreibt z. B.: „der [Luther] uns aufwecket von der nacht, / darein der monschein uns hat bracht. / der monschein deut die menschen-ler / der sophisten hin und her / innerhalb der vierhundert jahre."[357] Erhard gibt aber jetzt dem Begriff der „Sophisterei" eine neue Bedeutung, indem er sie ausdrücklich durch ein deduktives Verfahren bestimmt. In der zweiten *Züricher Vorlesung* spricht Fichte diesen Gedanken so aus: „Ein äußeres Kennzeichen der Richtigkeit der Wissenschaftslehre ist, wenn *alles* – worauf der menschliche Geist nur kommen mag – von dem Grundsatz, den sie liefert, begründet wird, wenn alles sich auf einen Satz in derselben zurückführen, und daraus als wahr und gewiss oder als falsch und grundlos dartun lässt."[358] Die Form der Philosophie, die durch eine solche deduktive Ableitung bestimmt ist, bezeichnet Erhard als *Theorie*. Es kann nicht geleugnet werden, dass die ganze Argumentation nicht nur gegen Fichte, sondern ebenso sehr auch gegen Reinhold gerichtet ist. „Ich habe einstens schon Reinhold darüber geschrieben und ihm bewiesen, dass keine *Theorie*, sondern nur eine *Analysis* des Vorstellungsvermögens möglich ist."[359] Es gibt also ein anderes Verfahren, das der deduktiven Ableitung entgegengestellt ist, und das bezeichnet Erhard als Analysis. Die Verfah-

---

355 In dieser Zeit hat man das Wort „Philosophie" sehr oft mit „Selbstdenken" übersetzt; das würde Herbert problematisch finden.
356 Friedrich Immanuel Niethammer, *Korrespondenz mit dem Klagenfurter Herbert-Kreis*, a.a.O., S 79.
357 Jacob Grimm und Wilhelm Grimm, *Deutsches Wörterbuch*, Bd. X,1, Verlag von S. Hirzel, Leipzig 1905, Sp. 1751.
358 Johann Gottlieb Fichte, *Züricher Vorlesungen*, a.a.O., S. 76-77.
359 Friedrich Immanuel Niethammer, *Korrespondenz mit dem Klagenfurter Herbert-Kreis*, a.a.O., S. 79. (Hervorhebungen von mir, J.W.)

rensweise der Analysis beschreibt er jetzt so: „Allein die Philosophie, die bis zum höchsten Grundsatz hinaufsteigt, und alles andere mit ihm in vollkommener Harmonie darstellt, nicht daraus ableitet, ist die wahre."[360] Erhard versucht somit eine richtige Alternative zu der fichteschen Philosophie zu entwerfen. (Erst jetzt könnte man mit Baggesen behaupten, dass Erhard und Fichte wie zwei Billardkugeln zusammenprallten. Baggesen war aber von dem bedeutendsten inneren Diskurs der Reinhold-Schule ausgeschlossen. Er hätte diesem Programm von Erhard auch nicht folgen können. Am 27. Dezember 1794 schreibt er an Reinhold: „Was mich für sein [Fichtes] System einnahm, war die Ableitung der reinen Philosophie vom reinen Ich, gerade das, was Du selbst, laut Deiner Äußerung im letzten Schreiben, zweckmäßig und möglich findest. Ich fand ferner in seiner Wissenschaftslehre eine treffliche, streng systematische Methode, und einige Deduktionen, die mir besonders gefielen [...], und überall, wo ich ihn verstand, einen fast einzigen Scharfsinn.")[361] Erhard scheint von der Intuition auszugehen, dass die Philosophie die Spekulation dann und nur dann vermeiden kann, wenn sie nicht von einem Grundsatz ausgeht, sondern nach einem höchsten Prinzip sucht; und dieses Prinzip muss moralischer Natur sein. Damit hat Erhard für die Ideen Herberts einen „systematischen Bezugsrahmen" entworfen.

Niethammer beantwortet am 2. Juni den Brief (die Briefe) und versucht sich damit in die Diskussion einzuschalten. Eigentlich war Niethammer der wirkliche Adressat aller Einwände gegen Fichte (und Reinhold). Sowohl Herbert als auch Erhard haben von ihm erwartet, dass er sich dem mächtigen Einfluss von Fichte in Jena widersetzen wird. Niethammer aber neigte nicht dazu; das hat er selbst in seinem Antwortbrief anzudeuten versucht. Das erste Wort in Niethammers Brief gilt der Tröstung: „Sie haben wohl Unrecht, mein lieber teuerster Freund, Ihren Verdruss über die Sucher eines ersten Grundsatzes aller Philosophie so weit gereichen zu lassen, dass er Sie melancholisch machen kann. Die Sache lohnt sich für einen sonst verständigen und wahrheitsliebenden Mann wirklich der Mühe nicht. Was gehen uns alle ersten und letzten Grundsätze der Philosophie an?"[362] Es ist nicht so wichtig, es lohnt sich nicht usw.; diese Tröstung hat aber für Herbert nicht viel bedeutet, weil er in der Philosophie einen Weg zur Ausbildung der moralischen Persönlichkeiten gesehen hat. Niethammer bemerkt sofort, dass die Kritik an Fichte auch an die Philosophie Reinholds gerichtet ist, und spricht demgemäß von Reinhold. (Die Grundsatzphilosophie Fichtes war ihm ja überhaupt noch nicht bekannt.) Er meint, dass es richtig ist, dass die Kritiken „dem Reinhold sein allgemeingültiges Fundament unter den Füßen weggespült" ha-

---

360 Ebd.
361 Christoph Jamme und Frank Völkel (Hg.), *Hölderlin und der deutsche Idealismus*, Bd. 2, a.a.O., S. S. 239.
362 Friedrich Immanuel Niethammer, *Korrespondenz mit dem Klagenfurter Herbert-Kreis*, a.a.O., S. 81.

ben.³⁶³ Daraus würde er aber noch nicht schließen, dass die ganze reinholdsche Philosophie aufzugeben ist und durch ein „Hinaufsteigen zu den höchsten Prinzipien" ersetzt werden sollte. Niethammer antwortet an den Brief Herberts, aber indirekt weist er auch den ganzen Vorschlag Erhards zurück. Niethammer wagt es nicht auszusprechen, er lässt es aber spüren, dass seiner Meinung nach ein Programm, das auf die Korrektion der Theorie des Grundsatzes gerichtet ist, durchaus zu vertreten wäre. Die grundlegende Frage kann nämlich nicht in Zweifel gezogen werden: „Die Erde trägt ein Elefant, und der Elefant steht auf einer Schildkröte, ohne uns weiter zu sagen, worauf die Schildkröte liege; und wir müssen uns entweder ebenfalls mit einer solchen unbefriedigenden Antwort befriedigen, oder wir müssen weiterfragen, und auf diesem Wege ist das Fragen und das Antworten und also die Erde selbst bodenlos; oder wir müssen dahin kommen, einzusehen, dass die Erde weder eines Elefanten noch einer Schildkröte bedürfe, um nicht zu fallen […]."³⁶⁴ D. h., dass die Frage noch überhaupt nicht entschieden ist; es muss weiter untersucht werden, ob wir im System der Wissenschaften einen Grundsatz brauchen oder nicht. Niethammer möchte also in erster Linie nicht das fichtesche Programm unterstützen, sondern die Frage offenhalten. Niethammers richtige Antwort auf die Frage war dann im Jahre 1795 die Begründung der Zeitschrift *Philosophisches Journal einer Gesellschaft Teutscher Gelehrten*. Wegen dieser Offenheit konnte es dazu kommen, dass ab 1797 Fichte selbst in die Redaktion dieser Zeitschrift eintrat; Niethammer hat also die Hoffnungen nicht erfüllen können, die vor allem Herbert, aber auch Erhard an ihm gebunden haben. Er hat Fichtes Vormarsch in Jena nicht Einhalt gebieten können aber auch nicht wollen. Fichte hat Jena ganz schnell für sich erobert, er hat die dort gebliebenen Studenten Reinholds zu seinen Anhängern gemacht. Über Fichtes Erfolge berichtet Schiller am 26. Mai 1794: „Fichte hat bereits seine akademische Laufbahn angefangen, und man drängt sich zu seinen Vorlesungen."³⁶⁵ Dieser Brief war an Erhard gerichtet; Schiller mag es wahrscheinlich nicht geahnt haben, wie sehr er damit Erhard geschmerzt hatte. Und am 4. Juni (also nur zwei Tage nach dem Brief an Herbert) schreibt Niethammer an Reinhold: „Ich habe mit Herrn Professor Fichte schon längst in sehr freundschaftlichen Verhältnissen gestanden; er hat mir von seiner Vokation auf die verbindlichste Art selbst Nachricht gegeben; und wir leben jetzt als Freunde miteinander."³⁶⁶ Fichte ist so

---

363 Ebd.
364 Ebd. S. 84.
365 Erich Fuchs, Reinhard Lauth, Walter Schieke (Hg.), *Fichte im Gespräch*, Bd. 1,1, a.a.O., S. 100.
366 Ebd. S. 114. – Die Freundschaft ist wahrscheinlich durch die Auseinandersetzung Niethammers mit Fichtes *Versuch einer Kritik aller Offenbarung* zustande gekommen. Fichte schreibt am 6. Dezember 1793 in einem sehr herzlichen Brief an Niethammer: „Ich weiß Ihnen würdigster, teuerster Freund, auf keine Ihrer würdigere Art für den gütigen Beweis Ihrer fortdauernder Freundschaft zu danken, als wenn ich Ihnen meine hohe Meinung von Ihrer reinen Wahrheitsliebe und mein angemes-

(allerdings nur für fünf Jahre) der *große Philosoph* von Jena geworden, und die Reinhold-Schule ist damit zerfallen.

---

senes Zutrauen zu dieser Ihrer Freundschaft durch die Tat zeige." Johann Gottlieb Fichte, *Briefe*, a.a.O., S. 90.

# Fünfte Vorlesung

# Reinholds Schüler aus Ungarn

Reinhold hat es verstanden, die Studenten um sich zu versammeln, und sie für die Philosophie Kants zu begeistern.[367] Reinholds Vorlesungen haben um 1790 schon sechshundert von den achthundert Studenten der Universität Jena besucht. Er hat auch durchaus freundschaftliche und herzliche Kontakte mit einigen seiner Schüler gepflegt. Von dieser Menge der Studenten hat sich ein engerer Kreis herausgebildet; außerdem gab es eine relativ gleichgültige Masse, die nur die Lehrveranstaltungen besuchte. Mit diesem engeren Kreis haben wir uns bisher beschäftigt; er bestand aus Franz de Paula von Herbert, der zeitweise sogar bei Reinhold wohnte, Johann Benjamin Erhard, den Reinhold für den Begabtesten hielt, seine Promotion aber nicht unterstützten konnte, Jens Immanuel Baggesen, den Einzigen, den Reinhold geduzt hat, Friedrich Immanuel Niethammer, der Reinholds Philosophie an die ehemaligen Schüler des Tübinger Stiftes (Hölderlin und Schelling) vermittelt hat, Friedrich Karl Forberg, der bei Reinholds Erschütterung die tröstenden Briefe vorlas, und schließlich gehörte dazu Novalis (Friedrich von Hardenberg), der sich mit fast allen schnell befreundete.[368] Dieser engere Kreis hat sich 1790/91 herausgebildet, als Reinholds Karriere auf ihrem Höhepunkt war. Wilhelm Baum möchte die These aufbauen, dass in der Konstituierung dieses Kreises der Klagenfurter Bleiweißfabrikant, Franz de Paula von Herbert die entscheidende Rolle gespielt hat. Herbert hat 1789 auf einer Reise nach Weimar Wieland und Reinhold kennengelernt (aber auch andere Gäste, die im Haus Wielands verkehrten). Nach seiner Rückkehr hat Herbert intensive Briefkontakte mit seinen neuen Freunden gepflegt, die schließlich dazu führten, dass er im Dezember 1790 nach Jena kam, um dort bei Reinhold die kritische Philosophie kennenzulernen und zu studieren.[369] (Die eigentliche Vermittlung war, dass Wieland einige Jahrgänge der von ihm herausgegebenen Zeitschrift, *Des Teutschen Merkurs* Herbert zugeschickt hat, der diese fleißig studierte.)

---

367 Thomas Smrekar, Carl Leonhard Reinhold und Herbert, in: Wilhelm Baum (Hg.), *Weimar – Jena – Klagenfurt. Der Herbert-Kreis und das Geistesleben Kärntens im Zeitalter der Französischen Revolution*, Kärntner Druck- und Verlagsgesellschaft, Klagenfurt 1989, S. 65.

368 Novalis hat sich mit sehr schönen Zeilen in Herberts Stammbuch eingetragen: „Zart ist der Faden der Freundschaft, doch unzerbrechlich wie jene Kette, die Himmel und Meer und die Gestirne umschlingt, aber auch dehnbar wie Gold, er windet in lieblichen Knoten selbst um die Freunde sich leicht, welche das Schicksal getrennt." Zitiert nach Alinde Bittner, Novalis und Herbert, in: Wilhelm Baum (Hg.), *Weimar – Jena – Klagenfurt*, a.a.O., S. 72.

369 Wilhelm Baum, Einleitung, in: ebd., S. 10-11.

Reinhold hat Herbert als seinen Landsmann empfangen, und hat ihn wegen seiner „Opferbereitschaft" und seiner „Wahrheitsliebe" außerordentlich hoch geschätzt. Er ist dann im April 1791 nach Klagenfurt zurückgereist; er hat sich in Jena so beliebt gemacht, dass z. B. Forberg ihn bis nach Hause begleitet hat.[370] Der Kreis ist später durch gemeinsame Reisen und durch die finanzielle Unterstützungen Herberts an fast allen Mitgliedern des Kreises zusammengehalten worden. Eine weitere wichtige Kohäsion des Kreises ist durch den politischen Radikalismus zustande gekommen. Herbert war Mitglied der Klagenfurter Freimaurerloge und hat vor allem deswegen die Bekanntschaft mit dem Aufklärungsphilosophen, Reinhold gesucht. Dieser engere Schülerkreis Reinholds bestand aus radikalen Demokraten, die ohne Vorbehalte mit der Französischen Revolution sympathisiert haben.

\* \* \*

Die historischen Quellen beweisen eindeutig, dass bei Reinhold ziemlich viele Studenten aus Ungarn aufgetaucht sind. Nach Göttingen (wo der Popularphilosoph, Johann Georg Heinrich Feder lehrte)[371] war die Universität Jena der beliebteste Ort für ein Studium in Deutschland. „Die Studenten aus Ungarn und Siebenbürgen studierten traditionell an protestantischen Universitäten in Deutschland. Sie wurden in Jena [...] mit der kantischen Philosophie bekannt; auf diese Studenten vermutlich geht das auffallend starke Interesse an Kant in Ungarn in den ersten Jahrzehnten des 19. Jahrhunderts zurück."[372] Diese letzte Aussage – wie wir am Ende dieser Vorlesung sehen werden – mag weitgehend übertrieben sein; jetzt möchte ich aber nur darauf hinweisen, dass die ganze Darstellung auf der Prämisse beruht, dass Reinhold eigentlich ein *Popularisierer* der kantischen Philosophie war. Diese Einstellung bestätigt auch Thomas Smrekar: „Carl Leonhard Reinhold machte in seinem Leben eine Reihe von Entwicklungen vom Mönch bis zum kritischen Sprachphilosophen durch. Er war weniger ein genialer spekulativer Kopf als vielmehr ein Vermittler der für viele Menschen nicht leicht verständlichen kantischen Aufklärungsphilosophie."[373] (Die oben genannte Prämisse wird jetzt mit einer weiteren ergänzt: es kann kein „genialer Kopf" sein,

---

370 Ebd. S. 11.
371 Es gab schon in der ersten Hälfte der 1790er Jahre eine gewisse Konkurrenz zwischen Reinhold und Feder; siehe dazu *Fichte im Geschpräch*, Bd. 1,1, a.a.O., S. 162.
372 Wolfgang W. Priglinger, Verdrängter Humanismus und verzögerte Aufklärung. Auf der Suche nach der österreichischen Philosophie, in: Michael Benedikt (Hg.), *Verdrängter Humanismus und verzögerte Aufklärung. Österreichische Philosophie zur Zeit der Revolution und Restauration (1750-1820)*, Turia & Kant, Wien 1992, S. 81.
373 Thomas Smrekar, Carl Leonhard Reinhold und Herbert, a.a.O., S. 69.

der seine Positionen ständig wechselt.)³⁷⁴ Vielleicht könnte man hier die These aufstellen, dass nur der engere Schülerkreis Reinhold als „Selbstdenker" gesehen hat, die breite Masse seiner Zuhörer hat wahrscheinlich nur seine Vermittlungstätigkeit wahrgenommen. Man könnte vermuten, dass die ungarischen Schüler nur immer zu diesem äußeren Kreis gehörten, was dann letztendlich dazu geführt hat, dass sie nach ihrer Rückkehr die Verbreitung der kantischen Philosophie als wichtigste Aufgabe angesehen haben. Es ist davon auszugehen, dass die ungarischen Studenten einen relativ großen und ziemlich geschlossenen Kreis gebildet haben. Reinholds Studenten bildeten eine bunte Menge: außer aus Deutschland kamen Studenten vor allem aus einigen osteuropäischen Ländern, so auch aus Ungarn und Siebenbürgen. Die Anzahl der ungarischen Studenten könnte in der ersten Hälfte der 1790er Jahre – nach meiner Einschätzung – zwischen sechs und acht Prozent betragen haben.³⁷⁵ Man muss zugleich berücksichtigen, dass von den aus Ungarn kommenden Studenten mehr als die Hälfte deutscher Abstammung war. Vor allem im 18. Jahrhundert, nach der Türkenherrschaft, sind in zahlreichen Strömungen Deutsche nach Ungarn ausgewandert. Die Motivationen dabei waren recht unterschiedlich: „Im Stift Fulda führte die antikameralistische Bevölkerungspolitik, die sich in der rigorosen Heiratsbeschränkung [...] äußerte, zur massenhaften Auswanderung nach Ungarn. Im Jahre 1715 verbot der Fürstabt den Pfarrern bei Fehlen einer amtlichen Heiratserlaubnis die Durchführung der Trauung. Die sich ursprünglich gegen Vagabunden und Bettler richtende Maßnahme wurde auf alle erweitert [...]. Deshalb wurde für künftige Ehepaare der Nachweis eines Mindestvermögens [...] vorgeschrieben. Viele, die das Geld nicht aufbringen konnten, wanderten legal oder illegal aus."³⁷⁶ Die schon in Ungarn geborene Generation schickte dann ihre Kinder zurück nach Deutschland, um dort zu studieren. – Es gab aber wenigstens zwei Studenten aus Ungarn, die über die Anonymität hinausgekommen sind und die direkt Kontakt zu Reinhold und seinem engsten Schülerkreis gefunden haben; im Folgenden werde ich mich mit ihnen etwas ausführlicher beschäftigen.

---

374 Diese These haben Schelling und Hegel unmittelbar nach der Jahrhundertwende vertreten, als sie das *Kritische Journal der Philosophie* herausgegeben haben. Diese These erscheint zu dieser Zeit deswegen als plausibel, weil es ja noch um die Herausarbeitung der endgültig wahren und vollkommenen Philosophie ging.
375 Ich stütze mich hier auf eine Namensliste von 1799. Im Frühjahr 1799 als Fichte wegen dem Atheismusstreit Jena verlassen musste, haben 280 Studenten dagegen protestiert, von Ihnen kamen 37 aus Ungarn und Siebenbürgen. Außer ihnen waren kaum ausländische Studenten auf der Liste zu finden. Das würde dann ca. 13 Prozent der Studenten ausmachen. Wahrscheinlich waren die ungarischen Studenten besonders radikal und deswegen überproportional vertreten.
376 Márta Fata, Einwanderung und Ansiedlung der Deutschen (1686-1790), in: *Deutsche Geschichte im Osten Europas. Land an der Donau*, hg. von Günter Schödl, Siedler Verlag, Berlin 1995, S. 188.

## 1. Wilhelm Josef Kalmann

Wir wissen nicht, woher Kalmann stammt, auf jeden Fall hat er sich im Oktober 1792 in Jena immatrikuliert, zunächst als Student der Medizin. Wilhelm Baum behauptet, dass Kalmann erst nachträglich, im Jahre 1794 mit Herbert Kontakt aufnahm. Thomas Smrekar behauptet hingegen, dass Kalmann auf die Empfehlung von Herbert nach Jena gekommen sei, ebenso wie sein späterer Freund, der steierische Graf, Johann Gottfried Wenzel Purgstall.[377] Im Fall Purgstall scheint es sicher zu sein, dass er von Herbert die Empfehlung bekam, nach Jena zu gehen und dort bei Reinhold zu studieren. Im Dezember schreibt Reinhold in einem noch unveröffentlichten Brief an Herbert: „Graf Purgstall soll mir sehr willkommen sein. Sein Entschluss bürgt für seine Absicht [...]. Ich habe ihm gleich nach Empfang ihres Briefes nach Wien geschrieben."[378] Baum berichtet auch, dass Kalmann zuerst in Wien studiert hat, und von da nach Jena gegangen ist; Purgstall und Kalmann haben sich dann als Landsleute in Jena getroffen. Reinhold hat mit Purgstall sehr sympathisiert, er ist mit ihm und mit Wieland am 2. 1. 1794 ins Theater gegangen, wo die *Zauberflöte* gespielt wurde. Einige Tage später schrieb Wieland über Purgstall, dass er „alles Schöne und Gute, das sein Lehrer von ihm erwartet habe, vollkommen rechtfertige".[379] Jetzt kehren wir aber zurück zu Kalmann. Er hat im September 1793 einen langen Brief von Forberg bekommen, der durchaus bezeugt, dass Kalmann zu dem engeren Kreis der Reinhold-Schüler Anschluss gefunden hat. Forberg schreibt ihm über Fichtes Büchlein, *Beitrag zur Berichtigung der Urteile des Publikums über die Französische Revolution*: „Wovon Sie nichts wissen können, lieber Kalmann, ist dies, dass ein Buch über die Französische Revolution erschienen ist, welches in Rücksicht der Bestimmtheit der darin aufgestellten Prinzipien alles übertrifft, was bisher [...] über jene merkwürdige Begebenheit geschrieben wurde."[380] D. h., dass Forberg auch bei Kalmann eine gewisse Begeisterung für die Französische Revolution voraussetzen konnte. Sonst wissen wir relativ wenig über Kalmanns Ansichten. Sein Name ist vor allem dadurch aufgefallen, dass sein Stammbuch überliefert wurde, in das sich 1793-1794 alle wichtigen Mitglieder des engeren Schülerkreises Reinholds eingetragen haben. Niethammer schrieb z. B. im Herbst 1793: „Despoten kann es nur geben, so lang es Sklaven gibt."[381] Es kann eine besonde-

---

377 Thomas Smrekar, Carl Leonhard Reinhold und Herbert, a.a.O., S. 67.
378 Wilhelm Baum, Wenzel Gottfried von Purgstalls Beziehungen zu Reinhold, Kant, Schiller und Goethe, in: Michael Benedikt (Hg.), *Verdrängter Humanismus und verzögerte Aufklärung. Österreichische Philosophie zur Zeit der Revolution und Restauration (1750-1820)*, a.a.O., S. 852.
379 Ebd. S. 854-855.
380 Erich Fuchs, Reinhard Lauth, Walter Schieke (Hg.), *Fichte im Gespräch*, Bd. 1,1, a.a.O., S. 56.
381 Vgl. Wilhelm Baum, Einleitung, in: Friedrich Immanuel Niethammer, *Korrespondenz mit dem Herbert- und Erhard-Kreis*, a.a.O., S. 27. – Werner Sauer hat das

re Bedeutung haben, dass Kalmann nicht nur mit dem engsten Schülerkreis Reinholds gute Kontakte pflegte, sondern auch mit Wieland, der sich im Frühjahr 1794 in sein Stammbuch eingetragen hat.[382] Der Kontakt zwischen Wieland und Kalmann war zu dieser Zeit so eng, dass Wieland Kalmann einen Brief schreibt, der den Auftrag erteilt, Reinhold den Tod einer seiner Söhne mitzuteilen.[383] Außerdem – so behauptet Baum – ist im Nachlass Kalmanns eine Mitschrift von Reinholds Vorlesung über die *Kritik der reinen Vernunft* zu finden.[384] Diese Mitschrift könnte man studieren, mit der Intention einige selbstständige philosophische Gedanken zu finden. Es ist aber zu befürchten, dass dieser Versuch zu keinen nennenswerten Ergebnissen führen würde. Es kann mit Sicherheit behauptet werden, dass Kalmann nicht einmal in Ansätzen zu einer eigenen Philosophie gekommen ist.

Kalmanns eigentliche Leistung bestand darin, eine bestimmte Position innerhalb des Reinhold-Schülerkreises zu vertreten und daran festzuhalten. Kalmann gehörte neben Purgstall zu denjenigen Studenten, die im Sommer 1794 mit Reinhold nach Kiel gegangen sind. Kalmann hat hier eine Position aufbewahrt, die früher schon im engeren Schülerkreis aufgetaucht ist. Um das zu vergegenwärtigen, müssen wir noch einmal kurz zurückblicken auf die Reaktionen des engeren Schülerkreises auf den Auftritt Fichtes. In der vierten Vorlesung habe ich zu zeigen versucht, dass es gegenüber Fichte zwei mögliche Einstellungen gab. (1) Es gab die Gegner von Fichte, die die Erschütterung der Grundsatzphilosophie tief verstanden, sogar mitgeprägt haben, und jetzt im Programm der Wissenschaftslehre eine konservative Rehabilitierung dieser Philosophie gesehen haben. Im strengen Sinne gehört nur Erhard in diese Gruppe, aber auch Herbert hat diese Position angenommen. (2) Auf der anderen Seite gab es eine Richtung, deren Vertreter sich von Fichte nicht trennen wollten, weiterhin freundschaftliche Beziehungen zu ihm pflegten. Baggesen schreibt immer wieder über seine Freund-

---

Stammbuch genauer untersucht, und ist zum Ergebnis gekommen, dass es von einer Begeisterung für die Französische Revolution geprägt war. Ein Student schreibt noch in Jena in das Stammbuch: „La République française est invincible comme la raison; elle est immortelle comme la verité." Der prominenteste Name im Stammbuch war aber Karl Friedrich Cramer, der wegen seines Jakobinertums in Kiel seine Professur verloren hat und auch aus dem Land ausgewiesen wurde. Kurz vor seiner Emigration schreibt er in das Stammbuch: „Gerechtigkeit und Gleichheit!". Vgl. Werner Sauer, *Österreichische Philosophie zwischen Aufklärung und Restauration. Beiträge zur Geschichte des Frühkantianismus in der Donaumonarchie*, Rodopi Verlag, Würzburg 1982, S. 126.

382 Das Stammbuch ist von Karl Hugelmann veröffentlicht worden; vgl. Ein Stammbuch aus dem Kreise Carl Leonhard Reinholds, in: *Die Kultur*, Jg. 11, Heft 3, 1910, S. 296-323.
383 Dieser Brief ist unveröffentlicht; vgl. Wilhelm Baum, Wenzel Gottfried von Purgstalls Beziehungen zu Reinhold, Kant, Schiller und Goethe, a.a.O., S. 854.
384 Baum gibt weder an, wo der Nachlass zu finden ist, noch aus welchem Semester die Mitschrift stammt.

schaft zu Fichte. So schreibt er schon am 20. Dezember 1793 an Reinhold: „Ich habe Fichte innigst vertraut kennengelernt. Wir sind (als Geister) unzertrennliche Freunde geworden."[385] Am 31. Januar antwortet dann Reinhold: „Fichtes Freundschaft ist übrigens ein höchst schätzbares Gut."[386] Wegen dieser Befangenheit haben dann Erhard und Herbert Baggesen aus ihrem Diskurs ausgelassen. Aber auch Niethammer konnten sie nicht für sich gewinnen, der von dem *Versuch einer Kritik aller Offenbarung* sehr begeistert war. Und Forberg scheint dann im Januar 1795 in einem Brief zu bezeugen, dass Fichte auch die engsten Reinhold-Schüler erobern konnte: „Wenn Sie mich fragen, wie sich wohl Reinholds Verdienste um die Philosophie zu denen, die sich Fichte erwirbt, verhalten mögen, so weiß ich Ihnen darauf keine bessere Antwort zu geben als die: Reinhold verhält sich zu Fichte, wie sich Johannes zu Jesus verhielt: wie der Vorläufer zu dem der da kommen soll [...]."[387] Es ist jetzt nicht mehr die Rede davon, dass die Reinhold-Schule (und vor allem Erhard) dafür eine Konkurrenz anbieten könnte, was sich auch noch Baggesen gewünscht hat. Der Kampf mit Fichte war für die Reinhold-Schule deswegen so schwierig, weil viele aus dieser Schule für den frühen Fichte voreingenommen waren. Es mag eine persönliche Beziehung gewesen sein, oder die Begeisterung für die *Kritik der Offenbarung*; entscheidend war aber die Sympathie für die frühen politischen Schriften. Der einzige Weg wäre gewesen, den Herbert vorgeschlagen hat: zwischen der frühen kritischen Einstellung und der Ausarbeitung der Wissenschaftslehre eine Trennlinie zu ziehen. Kalmanns Leistung bestand darin, dass er diese Position auch noch in Kiel aufrechtzuerhalten versucht hat. (Wahrscheinlich wußte er nichts über Forbergs Äußerungen.) Und als dann der erste ernste Konflikt zwischen Reinhold und Fichte auftritt, wegen angeblichen Verleumdungen des jeweils Anderen in den Lehrveranstaltungen, stellt sich Kalmann eindeutig hinter Reinhold und bestätigt seine Unschuld. „Mit meinem besten Wissen und Gewissen kann ich es bezeugen, dass Professor Reinhold, in keiner einzigen seiner Vorlesungen, die ich alle unausgesetzt besuche, jemals weder den Namen, noch die eigentümliche Philosophie des Herrn Professors Fichte weder ausdrücklich genannt, noch auf irgendeine auch nur entfernte Art erwähnt hat."[388]

Wahrscheinlich nach dem Sommersemester 1795 hat Kalmann wegen finanziellen Schwierigkeiten sein Studium abgebrochen und Kiel verlassen; Purgstall hat ihm an seinem Gut Riegersburg in der Oststeiermark eine Stelle angeboten. Auch Purgstall hat zu dieser Zeit Kiel verlassen, er hat aber noch einige Reisen

---

385 Erich Fuchs, Reinhard Lauth, Walter Schieke (Hg.), *Fichte im Gespräch*, Bd. 1.1, a.a.O., S. 77.
386 Ebd. S. 83.
387 Der Adressat dieses Briefes ist unbekannt; vgl. Erich Fuchs, Reinhard Lauth, Walter Schieke (Hg.), *Fichte im Gespräch*, Bd. 1,1, a.a.O., S. 236.
388 Johann Gottlieb Fichte: *Gesamtausgabe*, Bd. III,2, hg. von Reinhard Lauth und Hans Jacob, Friedrich Frommann Verlag (Günther Holzboog), Stuttgart-Bad Cannstatt 1970, S. 248.

gemacht: zuerst ging er nach Königsberg zu Kant, dann hat er im Wintersemester 1795/96 in Göttingen studiert und Anfang 1797 ist er sogar in Edinburgh aufgetaucht. Purgstall ist auf dieser Reise zu Informationen gekommen, die er dann Kalmann mitgeteilt hat. Mitte 1795 schreibt Purgstall aus Königsberg: „Reinhold ist mit Fichte ausgesöhnt, sie schreiben sich! Reinhold sagt mir: Ich will trachten, seine *Ichlehre* gegen meine *Ichheit* in Schutz zu nehmen. Glück zu!"[389] Aus Göttingen machte Purgstall in den Weihnachtsferien eine Reise nach Jena, um dort Fichte und Schiller zu treffen. Vorher schreibt er Kalmann: „Bald werde ich das *Wundertier* Fichte sehen [...]."[390] Das Treffen ist zustande gekommen, davon berichtet auch Fichte in einem Brief an Jacobi: „Ihren Brief erhielt ich am Neujahrsmorgen, als ich eben mit einem braven jungen Manne [...], mit Graf Purgstall von Ihnen sprach."[391] Am 16. Januar schreibt dann auch Purgstall: „Auch in Jena war ich zwei Tage. [...] Es war gerade der Abend vor dem Neujahrstage, als ich ankam. [...] Fichte habe ich nun gesehen."[392] Es scheint sich jetzt eine Wende einzutreten: kein schlechtes Wort mehr über Fichte. Das bedeutet, dass eine weitere Stärkung und Unterstützung Reinholds jetzt jeden Sinn verloren hat. Am 26. März schreibt Reinhold Kalmann einen langen Brief: „Dank also vor allem für Ihren lieben Brief [...]. Er hat mir die Beruhigung gegeben, die ich über Ihren Gemütszustand gewünscht und gehofft habe. Sie halten sich nicht für unglücklich – dies ist mir vor der Hand genug – denn nur der Mensch ist es, der sich dafür hält. Hier ist Überzeugung und Sein ebendasselbe. Ein Mann, der sich zu der Gesinnung und Denkart, durch welche Sie mir so geehrt worden sind, emporgearbeitet hat, kann nicht leicht in eine äußere Lage kommen, in welcher er sich länger als in Augenblicken der Ungeduld für unglücklich halten könnte."[393] (Reinhold scheint sich wirklich zu darüber zu freuen, dass Kalmann sich in seiner totalen Isolation nicht unglücklich fühlt, nachdem mehrere seiner engsten Schüler eine tiefe Neigung zur Depression gehabt haben.) Und wenn wir schon beim Glücklichsein sind, schreibt er über seinen eigenen Zustand: „Ich bin in diesem Winter [...] Fichteaner geworden, und befinde mich sehr wohl dabei."[394] Damit war der Anknüpfungspunkt von Kalmann an die Philosophie endgültig verloren. Fünf Jahre später starb Purgstall; Kalmann machte sich selbstständig und konnte

---

389 Günter Holzboog (Hg.), *Fichte im Gespräch*, Bd. 6,1, a.a.O., S. 286.
390 Erich Fuchs, Reinhard Lauth, Walter Schieke (Hg.), *Fichte im Gespräch*, Bd. 1,1, a.a.O., S. 313. (Hervorhebung von mir, J.W.)
391 Johann Gottlieb Fichte, *Gesamtausgabe*, Bd. III,3, hg. von Reinhard Lauth und Hans Jacob, Friedrich Frommann Verlag (Günther Holzboog), Stuttgart-Bad Cannstatt 1972, S. 17.
392 Erich Fuchs, Reinhard Lauth, Walter Schieke (Hg.), *Fichte im Gespräch*, Bd. 1,1, a.a.O., S. 330-331.
393 Zitiert nach Werner Sauer, *Österreichische Philosophie zwischen Aufklärung und Restauration*, a.a.O., S. 128.
394 Erich Fuchs, Reinhard Lauth, Walter Schieke (Hg.), *Fichte im Gespräch*, Bd. 1,1, a.a.O., S. 416.

für sich in Mittelsteiermark ein Landgut kaufen, auf dem er bis zu seinem Lebensende gearbeitet hat. Im Jahre 1881 erscheint ein Büchlein von Josef von Kalchberg, in dem der Name Kalmanns wieder vorkommt: „Kalmann war kein deutscher Gelehrter und steifer Professor, sondern ein aus dem achtzehnten Jahrhundert übernommener französischer Enzyklopädist voll Geistesblitzen und rücksichtslos gegen alles geschichtlich Gewordene."[395] (Diesen sehr späten Rückblick kann man aber kaum als „glaubwürdig" einschätzen.)

## 2. Samuel Toperczer

Toperczer kam aus der Zips (aus der Stadt Leutschau [Lőcse]) im Jahre 1791 nach Jena und hat dort bis 1793 vor allem Theologie studiert. Er hat dort Kontakte aufgenommen mit Reinhold und mit seinem Schülerkreis – das kann dokumentiert werden. Forberg schreibt im Jahre 1840 auf den Sommer 1792 zurückblickend: „Da wurde der Name Fichte zum ersten Mal im Publikum genannt, und mein Respondent Toperczer aus Ungarn war der Erste, aus dessen Munde ich diesen nachmals so berühmt gewordenen Namen mit Verwunderung hörte."[396] Ein Brief von Niethammer zeigt, dass Toperczer auch mit Reinhold in Kontakt stand. Im September 1793 schreibt Niethammer an Erhard den folgenden Brief: „Da Reinholds Freunde auch Erhards Freunde sind, und wer von jenen durch Nürnberg reist, auch den letzteren gern besuchen will, so trifft sich, dass einer von Reinholds Freunden […] mich um eine Empfehlung an Dich anspricht, weil er von Reinhold eben jetzt keinen Brief an Dich erhalten konnte. Ich möchte eine so interessante [Bitte] nicht gerne abschlagen. Aber es tut mir leid, dass mir so gar keine Zeit dazu gelassen ist, und ich Dir geradezu nichts als einen leeren Brief schicken kann. Der Freund, den ich bei Dir einzuführen habe, ist Herr Toperczer aus Ungarn, ein Mensch dessen Kopf und Herz Achtung verdient, wie Du leicht finden wirst."[397] So warmherzig auch diese Empfehlung auf den ersten Blick erscheinen mag, sie ist doch sehr abstrakt und rein formelhaft: Dass der Kopf und das Herz von jemand Achtung verdienen, war zu dieser Zeit eine allgemeine Formel der Empfehlung. Niethammer hat also Toperczer wenn, dann nur sehr oberflächlich gekannt, über eine „Freundschaft" mit Reinhold zu sprechen mag weit übertrieben sein. Mit großer Wahrscheinlichkeit ist zu behaupten, dass Toperczer einige Kollegien bei Reinhold gehört hat. (Der erste Biograf von

---

395 Josef von Kalchberg, *Mein politisches Glaubensbekenntnis in Gedenkblättern aus einer achtzigjährigen Pilgerfahrt*, Leipzig 1881, S. 110-111. (Zitiert nach Werner Sauer, *Österreichische Philosophie zwischen Aufklärung und Restauration*, a.a.O., S. 129.)
396 Erich Fuchs, Reinhard Lauth, Walter Schieke (Hg.), *Fichte im Gespräch*, Bd. 1,1, a.a.O., S. 40.
397 Friedrich Immanuel Niethammer, *Korrespondenz mit dem Herbert- und Erhard-Kreis*, a.a.O., S. 66.

Toperczer erwähnt Reinhold nicht einmal unter seinen Lehrern, was wahrscheinlich darauf zurückzuführen ist, dass Reinholds Name ihm nichts mehr gesagt hat.[398] Auf der anderen Seite gibt es die Legende, dass Reinhold extra für die ungarischen Studenten ein Kollegium über Kant gehalten hätte, die wiederum recht unzufrieden waren mit seiner ziemlich freizügigen Kant-Interpretation.)[399] So viel scheint sicher zu sein, dass Toperczer Erhard und Herbert nicht persönlich gekannt hat, vom ersteren aber auf jeden Fall gehört hat. Der Besuch bei Erhard in Nürnberg war wahrscheinlich im Rahmen der Heimreise nach Ungarn geplant. Wir wissen auch nicht, ob dieses Treffen zustande kam oder nicht.

Toperczer besaß im Vergleich zu Kalmann die Fähigkeit zum selbstständigen Denken; er hat nämlich im Anschluss zu Reinhold eine Konzeption der praktischen Philosophie zu entwickeln versucht. Sein berühmtester Aufsatz war: *Über den eigennützigen und uneigennützigen Trieb in der menschlichen Natur.*[400] Reinhold hat am Ende seines Buches (*Versuch einer neuen Kritik des menschlichen Vorstellungsvermögens*) behauptet, dass es so etwas wie einen „Vorstellungstrieb" gibt, der zwischen der Möglichkeit und der Wirklichkeit der Vorstellungen eine vermittelnde Rolle spielt.[401] Weil aber die reale Vorstellung als Stoff und Form zusammengesetzt ist, muss es auch einen Stoff- und einen Formtrieb geben. „Wie die *Vorstellung überhaupt* aus zwei wesentlich verschiedenen und wesentlich verknüpften Bestandteilen, *Stoff* und *Form* besteht, so lässt sich der *Trieb nach Vorstellung überhaupt* in zwei wesentlich verschiedene und wesentlich verknüpfte Grundtriebe unterscheiden, den *Trieb nach Stoff*, und den *Trieb nach Form* der Vorstellung."[402] Der Stofftrieb impliziert die Sinnlichkeit, die Glückseligkeit und die Eigennützlichkeit, der Formtrieb impliziert die Vernunft, die Sittlichkeit und die Uneigennützigkeit. Auch Reinhold gibt im obigen Zitat einen gewissen Ausblick für eine Einheit, die er später als intelligibel bezeichnet. Diese „intelligible Einheit" „lässt sich [aber] nur in der eigentlichen *Theorie der praktischen Vernunft* und nach einer völlig entwickelten *Theorie des Begehrungsvermögens* einleuchtend genug dartun".[403] Reinhold hat dann in einer anschließenden Fußnote versprochen, dass er demnächst diese Theorie herausarbei-

---

398 Jakob Melzer, *Biographien berühmter Zipser,* Kaschau und Leipzig 1833, S. 308 ff.
399 Vgl. János Rathmann, Samuel Toperczer gondolatvilága, www.epa.oszk.hu
400 Dieser Aufsatz ist erschienen in einem zweibändigen Werk, das Michael Wagner in Wien (im Jahre 1794-96) herausgegeben hat: *Beiträge zur philosophischen Anthropologie und den damit verwandten Wissenschaften.* (In diesem Werk sind so berühmte Kantianer vertreten, wie Lazarus Bendavid und Johann Benjamin Erhard.) Wagner war Toperczers Landsmann, er kam auch aus der Zips, durch dieses Buch hat er großen Respekt für sich verschafft.
401 Vgl. Carl Leonhard Reinhold, *Versuch einer neuen Theorie des menschlichen Vorstellungsvermögens*, a.a.O., S. 560 ff.
402 Ebd. S. 561.
403 Ebd. S. 575.

ten und veröffentlichen möchte.[404] Er ist aber zeit seines Lebens nicht dazu gekommen. An dieser Perspektive schließt sich Toperczer an; also er wirft die Frage nach einer möglichen Synthese der beiden Triebe auf. (Interessanterweise spielt diese Frage auch schon in Fichtes *Versuch einer Kritik aller Offenbarung* eine wichtige Rolle.) Toperczers Argumentation beginnt ganz in den Fußstapfen Reinholds: eine solche Einheit kann aber nach *zwei Aspekten* ausgearbeitet werden. Auf der einen Seite steht die intelligible Einheit zwischen Moralität und Glückseligkeit, von der auch schon Reinhold gesprochen, sie aber nicht ausgearbeitet hat. Auf der anderen Seite (und das ist Toperczers eigentlicher Beitrag) steht ein empirisches Äquivalent zu der intelligiblen Einheit; diese nennt Toperczer die „innere Zufriedenheit" oder das „sittliche Vergnügen". Diese Bedeutung von Einheit beschreibt er dann so: „[Diese empirische Einheit ist als] innere Zufriedenheit das Band, welches beide Triebe [...] in einem sinnlich vernünftigen Wesen unzertrennlich miteinander verknüpft. Der uneigennützige Trieb erzeugt durch seine Befriedigung für den eigennützigen in der Hervorbringung des sittlichen Vergnügens einen Gegenstand, welcher einen Hauptbestandteil der Glückseligkeit ausmacht. [...] Der eigennützige, weil er überhaupt nach Vergnügen strebt, strebt also auch nach diesem Gegenstande, und reizt den uneigennützigen Trieb zur Hervorbringung desselben."[405]

Toperczer ist 1793 zurückgekehrt in seine Heimatstadt und hat nach einer kurzen Hauslehrertätigkeit eine Stelle im dortigen Gymnasium angenommen. Weitere Kontakte mit Reinhold oder seines Schülerkreises konnten bis heute nicht bewiesen werden.

\* \* \*

In Ungarn gab es eine sehr frühe Kantrezeption, die vor allem auf Gottfried van Swietens Hochschulpolitik zurückzuführen ist. Im Jahre 1785 hat er erreicht, dass ein berühmter Philosoph, Anton Kreil, an der Pester Universität eine Professur bekam, der bald später mit dem Unterricht der kantischen Philosophie begonnen hat. (Im Jahre 1789 erscheint sein *Handbuch der Logik für seine Zuhörer*, das schon wesentlich von einem kantischen Geist geprägt ist.)[406] Der andere berühmte, aus Österreich kommende Kantianer war Johann Nepomuk von Delling, der in der zweiten Hälfte der 1780er Jahre an die Akademie von Pécs/Fünfkirchen berufen wurde. „Der ungarische Klerus stand Delling, der nach kantischen Grundsät-

---

404 Ebd.
405 Samuel Toperczer, Über den eigennützigen und uneigennützigen Trieb in der menschlichen Natur, in: Michael Wagner (Hg.), *Beiträge zur philosophischen Anthropologie*, Bd. II, Wien 1796, S. 125-126. (Zitiert nach Werner Sauer, *Österreichische Philosophie zwischen Aufklärung und Restauration*, a.a.O., S. 131.)
406 Werner Sauer, *Österreichische Philosophie zwischen Aufklärung und Restauration*, a.a.O., S. 131-132.

zen lehrte, von Anfang an feindlich gegenüber; schon 1790 ging der erste, freilich noch erfolglose Antrag auf Entlassung Dellings aus Ungarn nach Wien."[407] Im Jahr 1792 forderte dann der Kaschauer Mathematiker, in seinem *Buch Philosophische Bemerkungen über das Studienwesen in Ungarn*, dass das ganze Philosophiestudium in Ungarn nach kantischen Prinzipien umstruktriert werden sollte.[408] Ich meine also, dass die Bedeutung der Reinhold-Schüler in Ungarn *nicht* in der Verbreitung des Kantianismus bestand, oder bestanden hätte. Dieser Prozess hat institutionelle Bedingungen und war am Ende des 18. Jahrhunderts schon im Gang. Die wichtigste Wirkung hätte sein können, die Philosophie selbst, das Philosophieren als eine geistige Tätigkeit, als Selbstdenken zu etablieren. In dieser Hinsicht hätte eine Auseinandersetzung mit der Rezeption der Grundsatzphilosophie eine elementare Bedeutung bekommen können. Es gab aber keine Schüler aus Ungarn, die mit Reinhold so weit verbunden gewesen wären, dass sie von ihm nicht nur den Kantianismus, sondern auch den kreativen Kern seiner eigentümlichen Kant-Interpretation kennengelernt hätten. Erst das hätte eine unheimliche große Wirkung ausüben können, die selbst die eben entstehende ungarische literarische Romantik hätte weitgehend beeinflussen können.

---

407 Ebd. S. 132. Gegen Delling wurde die Anklage erhoben: „animae immaterialitatem esse hypothesim […] argumenta, quibus philosophi animae immaterialitam probare conati sunt, non ea gaudere certitudine apodictica, qua veritates geometricae perspiciuntur". Joseph von Izdenczy, der als Ungarnfachmann im Staatsrat saß, konnte dieses Argument noch dadurch entkräften, dass hier der ungarische Nationalismus im Hintergrund stehen mag. Vgl. ebd. S. 267.
408 Ebd. S. 133. Vgl. auch Michael Benedikt (Hg.), *Verdrängter Humanismus und verzögerte Aufklärung*, a.a.O., S. 82. Die Forderungen Stepahn Tichys beshreibt Wolfgang W. Priglinger so: „Die Theologie dürfte nicht länger Maßstab der Philosophie sein. Eine solche Gängelung der Philosophie führe entweder zu blankem Unglauben oder ‚mit Vorbeugung der Vernunft' zu mystischer Schwärmerei – gerade bei den besten Köpfen." Wolfgang W. Priglinger, Verdrängter Humanismus und verzögerte Aufklärung, a.a.O., S. 82.

# Literatur

Aristoteles, *Die Nikomachische Ethik*, Deutscher Taschenbuch Verlag/Artemis Verlag, München 1967, übersetzt von Olof Gigon.
Baum, Wilhelm, Einleitung, in: Friedrich Immanuel Niethammer, *Korrespondenz mit dem Klagenfurter Herbert-Kreis*, Turia & Kant, Wien 1995.
Baum, Wilhelm, Wenzel Gottfried von Purgstalls Beziehungen zu Reinhold, Kant, Schiller und Goethe, in: Michael Benedikt (Hg.), *Verdrängter Humanismus und verzögerte Aufklärung. Österreichische Philosophie zur Zeit der Revolution und Restauration (1750-1820)*, Turia & Kant Verlag, Wien 1992.
Bittner, Alinde, Novalis und Herbert, in: Wilhelm Baum (Hg.), *Weimar – Jena – Klagenfurt. Der Herbert-Kreis und das Geistesleben Kärntens im Zeitalter der Französischen Revolution*, Kärntner Druck- und Verlagsgesellschaft, Klagenfurt 1989.
Born, Friedrich Gottlob, Prüfung der Klagen über die Dunkelheit der kantischen Philosophie, in: *Neues Philosophisches Magazin*, Bd. I, 1790.
Diez, Immanuel Carl, *Briefwechsel und kantische Schriften*, hg. von Dieter Henrich, Klett-Cotta, Stuttgart 1997.
Erhard, Johann Benjamin, Prüfung einer Beurteilung der reinholdschen Elementarphilosophie, *http://tiss.zdv.uni-tuebingen.de*.
Erhard, Johann Benjamin, Rezension von: G.U. Brastberger, Untersuchungen über Kants Kritik der reinen Vernunft, *http://tiss.zdv.uni-tuebingen.de*.
Erhard, Johann Benjamin, Über die Medizin. Arkesilas an Ekdemus, in: *Der neue Teusche Merkur*, August 1795.
Erhard, Johann Benjamin, An Herrn Rath Hufeland in Jena, in: *Der Neue Teutsche Merkur*, Januar 1796.
Erhard, Johann Benjamin, *Über das Recht des Volks zu einer Revolution*, Hanser Verlag, München 1989.
Fabbinelli, Faustino (Hg.), *Die zeitgenössischen Rezensionen der Elementarphilosophie Karl Leonhard Reinholds*, Olms Verlag, Hildesheim/Zürich/New York 2003.
Fata Márta, Einwanderung und Ansiedlung der Deutschen (1686-1790), in: *Deutsche Geschichte im Osten Europas. Land an der Donau*, Siedler Verlag, Berlin 1995, hg. von Günter Schödl.
Feder, Johann Georg Heinrich, [Rezension über Versuch einer neuen Theorie des menschlichen Vorstellungsvermögens], in, Faustino Fabbinelli (Hg.), *Die zeitgenössische Rezensionen der Elementarphilosophie Karl Leonhard Reinholds*, Olms Verlag, Hildesheim/Zürich/New York 2003.

Fichte, Johann Gottlieb, *Briefe*, Reclam, Leipzig 1986, hg. von Manfred Buhr.
Fichte, Johann Gottlieb, *Über den Begriff der Wissenschaftslehre*, Philipp Reclam jun., Stuttgart 1991, hg. von Edmund Braun.
Fichte, Johann Gottlieb, *Vorlesungen über die Bestimmung des Gelehrten*, Universitätsverlag, Jena 1994. (Reprint-Ausgabe.)
Fichte, Johann Gottlieb, *Gesamtausgabe*, Bd. I,2, Friedrich Frommann Verlag (Günther Holzboog), Stuttgart-Bad Cannstatt 1965, hg. von Reinhard Lauth und Hans Jacob unter der Mitwirkung von Manfred Zahn.
Fichte, Johann Gottlieb, *Gesamtausgabe*, Bd. III,2, Friedrich Frommann Verlag (Günther Holzboog), Stuttgart-Bad Cannstatt 1970, hg. von Reinhard Lauth und Hans Jacob.
Fichte, Johann Gottlieb, *Gesamtausgabe*, Bd. III,3, Friedrich Frommann Verlag (Günther Holzboog), Stuttgart-Bad Cannstatt 1972, hg. von Reinhard Lauth und Hans Jacob.
Frank, Manfred, *„Unendliche Annäherung". Die Anfänge der philosophischen Frühromantik*, Suhrkamp Verlag, Frankfurt am Main 1997.
Fuchs, Erich, Reinhard Lauth, Walter Schiecke (Hg.), *Fichte im Gespräch*, Bd. 1,1, frommann-holzboog Verlag, Stuttgart-Bad Cannstatt 1978.
Fuchs, Erich, Einleitung, in: Johann Gottlieb Fichte, *Züricher Vorlesungen über den Begriff der Wissenschaftslehre*, Ars Una Verlag, Neuried 1996.
Fuchs, Erich (Hg.), *Fichte in zeitgenössischen Rezensionen*, Bd. 1, frommann-holzboog Verlag, Stuttgart-Bad Cannstatt 1995.
Grimm, Jacob und Wilhelm Grimm, *Deutsches Wörterbuch*, Bd. II, Verlag von S. Hirzel, Leipzig 1854.
Grimm, Jacob und Wilhelm Grimm: *Deutsches Wörterbuch*, Bd. III, Verlag von S. Hirzel, Leipzig 1862.
Grimm, Jacob und Wilhelm Grimm, *Deutsches Wörterbuch*, Bd. X,1, Verlag von S. Hirzel, Leipzig 1905.
Grimm, Jacob und Wilhelm Grimm, *Deutsches Wörterbuch*, Bd. XIV, Verlag von S. Hirzel, Leipzig 1940.
Habermas, Jürgen, *Erkenntnis und Interesse*, Suhrkamp Verlag, Frankfurt am Main 1968.
Hegel, Georg Wilhelm Friedrich, *Phänomenologie des Geistes*, in: ders., *Werke*, Bd. 3, Suhrkamp Verlag, Frankfurt am Main 1985, hg. von Eva Moldenhauer und Karl Markus Michel.
Heydenreich, Karl Heinrich, [Rezension über Reinholds Versuch einer neuen Theorie des menschlichen Vorstellungsvermögens], in: Faustino Fabbinelli (Hg.), *Die zeitgenössischen Rezensionen der Elementarphilosophie Karl Leonhard Reinholds*, Olms Verlag, Hildesheim/Zürich/New York 2003.
Hinske, Robert, Einleitung, in: Carl Christian Erhard Schmid, *Wörterbuch zum leichtern Gebrauch der kantischen Schriften*, Wissenschaftliche Buchgesellschaft, Darmstadt 1996.

Holzboog, Günter (Hg.), *Fichte im Gespräch*, Bd. 6,1, frommann-holzboog Verlag, Stuttgart – Bad Cannstatt 1992.

Hufeland, Christoph Wilhelm, Ein Wort über den Angriff der rationellen Medizin, in: *Der Neue Teusche Merkur*, Oktober 1795.

Hugelmann, Karl, Ein Stammbuch aus dem Kreise Carl Leonhard Reinholds, in: *Die Kultur*, Jg. 11, Heft 3, 1910.

Jacobi, Friedrich Heinrich, *Über die Lehre des Spinoza*, Felix Meiner Verlag, Hamburg 2000, hg. von Klaus Hammacher und Irmgard-Maria Pirke, bearbeitet von Marion Lauschke.

Jamme, Christoph und Frank Völkel (Hg.), *Hölderlin und der deutsche Idealismus*, Bd. 2, frommann-holzboog Verlag, Stuttgart-Bad Cannstatt 2003.

Kalchberg, von Josef, *Mein politisches Glaubensbekenntnis in Gedenkblättern aus einer achtzigjährigen Pilgerfahrt*, Leipzig 1881.

Kant, Immanuel, *Prolegomena zu einer jeden künftigen Metaphysik die als Wissenschaft wird auftreten können*, in: ders., *Werkausgabe*, Bd. V, Suhrkamp Verlag, Frankfurt am Main 1996, hg. von Wilhelm Weischedel.

Kant, Immanuel, *Kritik der reinen Vernunft*, Felix Meiner Verlag, Hamburg 1998, hg. von Jens Timmermann.

Kant, Immanuel, Über den Gebrauch theologischer Prinzipien in der Philosophie, in: *Der Teutsche Merkur*, Februar 1788.

Lauth, Reinhard und Hans Jacob, Vorwort, in: Johann Gottlieb Fichte, *Gesamtausgabe*, Bd. I,2, hg. von Reinhard Lauth und Hans Jacob unter der Mitwirkung von Manfred Zahn, Friedrich Frommann Verlag, Stuttgart-Bad Cannstatt 1965.

Maimon, Salomon, Streifereien im Gebiete der Philosophie, in: *Gesammelte Werke*, Bd. 4, Georg Olms Verlag, Hildesheim 2003, hg. von Valerio Verra.

Marcus Aurelius, *Selbstbetrachtungen*, Insel Verlag, Frankfurt am Main 2008, übersetzt von Otto Kiefer.

Marx, Karl, *Zur Kritik der politischen Ökonomie*, in: Karl Marx – Friedrich Engels, *Werke*, Bd. 13, Directmedia, Berlin 2004, hg. von Mathias Bertram.

Melzer, Jakob, *Biographien berühmter Zipser,* Kaschau und Leipzig 1833.

Mendelssohn, Moses, Abhandlung über die Evidenz in metaphysischen Wissenschaften, in: ders., *Schriften über Religion und Aufklärung*, Union Verlag, Berlin 1989, hg. von Martina Thom.

Mendelssohn, Moses, *Morgenstunden, oder Vorlesungen über das Dasein Gottes*, Philipp Reclam jun., Stuttgart 1979, hg. von Dominique Bourel.

Mendelssohn, Moses, *Briefe die neueste Litteratur betreffend*, 20. Brief, den 1. März 1759.

Niethammer, Friedrich Immanuel, *Korrespondenz mit dem Herbert- und Erhard-Kreis*, Turia & Kant, Wien 1995, hg., von Wilhelm Baum.

Priglinger, Wolfgang W., Verdrängter Humanismus und verzögerte Aufklärung. Auf der Suche nach der österreichischen Philosophie, in: Michael Benedikt

(Hg.), *Verdrängter Humanismus und verzögerte Aufklärung. Österreichische Philosophie zur Zeit der Revolution und Restauration (1750-1820)*, Turia & Kant, Wien 1992.

Rathmann János, Samuel Toperczer gondolatvilága, *www.epa.oszk.hu*.

Rehberg, August Wilhelm, [Rezension über Reinholds Versuch einer neuen Theorie des menschlichen Vorstellungsvermögens], in: Faustino Fabbinelli (Hg.), *Die zeitgenössischen Rezensionen der Elementarphilosophie Karl Leonhard Reinholds*, Olms Verlag, Hildesheim, Zürich, New York 2003.

Reimarus, Johann Albert Heinrich, *Über die Gründe der menschlichen Erkenntnis und der natürlichen Religion*, Hamburg 1787.

Reinhold, Carl Leonhard, *Korrespondenz 1773-1788*, Friedrich Frommann Verlag, Günther Holzboog GmbH & Co, Stuttgart-Bad Cannstatt 1983, hg. von Reinhard Lauth, Eberhard Heller und Kurt Hiller.

Reinhold, Carl Leonhard, *Schriften zur Religionskritik und Aufklärung 1782-1784*, Jacobi Verlag, Bremen und Wolfenbüttel 1977, hg. von Zwi Batscha.

Reinhold, Carl Leonhard, Briefe über die kantische Philosophie, in: *Der Teutsche Merkur*, August 1786 – September 1787.

Reinhold, Carl Leonhard, Wie ist Reformation der Philosophie möglich, in: *Neues Deutsches Museum*, Bd. 1, 1789.

Reinhold, Carl Leonhard, *Beiträge zur Berichtigung bisheriger Missverständnisse der Philosophen*, Felix Meiner Verlag, Hamburg 2003, hg. von Faustino Fabinelli.

Reinhold, Carl Leonhard, Allgemeiner Gesichtspunkt einer bevorstehenden Reformation der Philosophie, in: *Der Teutscher Merkur*, Bd. 2, 1789.

Reinhold, Carl Leonhard, *Über das Fundament des philosophischen Wissens / Über die Möglichkeit der Philosophie als strenge Wissenschaft*, Felix Meiner Verlag, Hamburg 1978, hg. von Wolfgang H. Schrader.

Reinhold, Carl Leonhard, Über das bisherige Schicksal der kantischen Philosophie, in: *Der Teutsche Merkur*, Bd. 2, 1789.

Reinhold, Carl Leonhard, *Versuch einer neuen Theorie des menschlichen Vorstellungsvermögens*, Wissenschaftliche Buchgesellschaft, Darmstadt 1963.

Reinhold, Ernst, *Lehrbuch der Geschichte der Philosophie*, Verlag von Friedrich Mauke, Jena 1839.

Safranski, Rüdiger, *Romantik. Eine deutsche Affäre*, Hanser Verlag, München 2007.

Sauer, Werner, *Österreichische Philosophie zwischen Aufklärung und Restauration. Beiträge zur Geschichte des Frühkantianismus in der Donaumonarchie*, Rodopi Verlag, Würzburg 1982.

Schlegel, Friedrich, Fragmente [Athenäums-Fragmente], in: ders., *Werke in zwei Bänden*, Aufbau Verlag, Berlin und Weimar 1980.

Schmid, Carl Christian Erhard, *Wörterbuch zum leichtern Gebrauch der kantischen Schriften*, Wissenschaftliche Buchgesellschaft, Darmstadt 1996.

Schmid, Carl Christian Erhard, [Rezension Über das Fundament des philosophischen Wissens, von C. L. Reinhold], in: *Allgemeine Literatur-Zeitung*, den 9. April 1792.

Schiller, Friedrich, Philosophische Briefe, in: ders., *Sämtliche Werke*, Bd. 5, Carl Hanser Verlag, München 1993, hg. von Gerhard Frricke und Herbert G. Göpfert.

Smrekar, Thomas, Carl Leonhard Reinhold und Herbert, in: Wilhelm Baum (Hg.), *Weimar – Jena – Klagenfurt. Der Herbert-Kreis und das Geistesleben Kärntens im Zeitalter der Französischen Revolution*, Kärntner Druck- und Verlagsgesellschaft, Klagenfurt 1989.

Toperczer Samuel, Über den eigennützigen und uneigennützigen Trieb in der menschlichen Natur, in: Michael Wagner (Hg.), *Beiträge zur philosophischen Anthropologie*, Bd. II, Wien 1796.

Varnhagen von Ense, Karl August (Hg.), *Denkwürdigkeiten des Philosophen und Arztes Johann Benjamin Erhard*, in der Cotta'schen Buchhandlung, Stuttgart und Tübingen 1830.

Wagner, Michael (Hg.), *Beiträge zur philosophischen Anthropologie und den damit verwandten Wissenschaften*, Wien 1794-1796.

Weiss János, *Kant után szabadon. Tanulmányok a konstellációkutatás köréből*, Áron Kiadó, Budapest 2007.